Ingrid Gräfin zu Solms-Wildenfels

AKTIV UND SELBST BEWUSST

Programm für ein gesundes Altern

Ingrid Gräfin zu Solms-Wildenfels

AKTIV UND SELBST BEWUSST

Programm für ein gesundes Altern

Umschau

*Weise Lebensführung gelingt
keinem
durch Zufall.
Man muß,
solange man lebt,
lernen,
wie man leben soll*

Seneca

CIP-Kurztitelaufnahme der Deutschen Bibliothek

Solms-Wildenfels, Ingrid Gräfin zu: Aktiv und selbstbewußt : Programm für e. gesundes Altern / Ingrid Gräfin zu Solms-Wildenfels. – Frankfurt am Main: Umschau Verlag, 1987.

ISBN 3-524-75006-0

© 1987 Umschau Verlag Breidenstein GmbH, Frankfurt am Main

Alle Rechte der Verbreitung, auch durch Film, Funk, Fernsehen, fotomechanische Wiedergabe, Tonträger jeder Art, auszugsweisen Nachdruck oder Einspeicherung und Rückgewinnung in Datenverarbeitungsanlagen aller Art, sind vorbehalten

Umschlaggestaltung : Manfred Sehring, Dreieich-Offenthal

Gesamtherstellung : Brönners Druckerei Breidenstein GmbH, Frankfurt am Main

Printed in Germany

Inhalt

Vorwort 7

Einführung 9

I. Theoretischer Teil 13
Fehlendes Gesundheitsbewußtsein 15
Altersexplosion und mögliche Folgen 20
Was ist Alter eigentlich? 28
Das menschliche Gehirn und sein Aufbau 40
Der Denkvorgang – Aufgaben und
Funktionsweisen des Gehirns 51
Alterskrankheiten des Gehirns – einige Hinweise . 56

II. Praktischer Teil 67
Gesunde Lebensführung 69
A. Eß-Quantität: Wieviel darf ich essen? 78
B. Eß-Qualität: Was darf ich essen? 83
1. Faustregel:
Halten Sie Ihr persönliches Idealgewicht! 85
2. Faustregel: Essen Sie Eiweiß! 92
3. Faustregel: Vorsicht bei Fetten! 98
4. Faustregel: Überlegen Sie bei Kohlehydraten! .. 105
5. Faustregel: Essen Sie ausreichend Vitamine! ... 109
6. Faustregel: Würzen Sie kräftig! 117
7. Faustregel:
Nehmen Sie genug Flüssigkeit zu sich! 118
8. Faustregel: Treiben Sie Sport! 126
9. Faustregel: Sorgen Sie für Verdauung! 133

Schlaf 136
Sexualität 142

Hirntraining als Geistes-Hygiene 164

Seelische Ausgeglichenheit als Psycho-Hygiene ... 176
1. Faustregel: Vermeiden Sie Dis-Streß! 187
2. Faustregel: Vergessen Sie das Reden nicht! 190
3. Faustregel: Lernen Sie Autogenes Training! ... 193
4. Faustregel:
Wagen Sie den Weg zur Psychotherapie! 197

Anhang 201

Literatur 237

Vorwort

Ist gutes Altern, schlechtes Altern oder gar junges Sterben unumgängliches Schicksal, Vererbung oder gibt es da etwas Lernbares? Ich habe es mich oft am Krankenbett oder neben dem Sessel 90–100jähriger gefragt.

Der Bauplan dessen, was Gerontolithen richtig oder andere falsch machten, ist ihnen genausowenig bewußt wie den Medizinern. Es hinkt die Wissenschaft über gesundes Altern der Praxis hinterher – Altern ist daher nie allein Wissenschaft, sondern immer auch Begabung und Intuition; gutes Altern ist großteils eine Kunst, die letztlich immer noch nicht in Worte gekleidet werden kann.

Das Sagbare, nämlich die Dinge, die nach heutigem Wissensstand zum guten Altern lernbar sind, will ich versuchen aufzuzeichnen.

Ich bedanke mich bei Herrn Back und Frau Kalbfuss vom Umschau Verlag für ihr wohltuendes Verständnis, bei Sigrid Amrhein für ihr unermüdlich mitdenkendes Schreiben des Manuskriptes und nicht zuletzt bei Hajo Lausche für seine Geduld.

Einführung

Dieses Buch ist nicht als Buch über Behandlungsmöglichkeiten von Altersbeschwerden gedacht, also etwa der typischen Alterskrankheiten oder der vielen Krankheiten, die auch im Alter auftreten können. Es ist vielmehr die Zusammenfassung meiner Gedanken über den interessantesten, weil reifsten Abschnitt, den ein Mensch erleben kann: sein Alter. Allerdings vorausgesetzt, daß er diesen Abschnitt gut erlebt. Das Buch ist daher der Vorsorge gewidmet und dient der Aufklärung. Insofern ist es ein Buch für alle Lebensalter, nicht nur für ältere oder alte Menschen. Es soll eine Art realistischer Leitfaden für den nicht kranken, den sogenannten gesunden Durchschnittsbürger sein, um über richtige Lebensführung »normales«, *gesundes Altern* zu erreichen, und zwar der gesamten Person, bestehend aus Körper, Geist und Seele. Ich beziehe mich dabei hauptsächlich auf das Altern des Gehirns als des Organs, welches unsere Schaltzentrale ist, also gewissermaßen unseren menschlichen Computer darstellt und darüber hinaus der Sitz unseres spezifisch Menschlichen, nämlich unserer Seele und unseres Denkvermögens, ist.

Sollte mein Buch dazu beitragen, daß Menschen den wirklichen Gegebenheiten des Alterns näherkommen und dabei die Illusion abbauen, man könne einfach drauflosleben und dennoch gesund hochbetagt werden, so wäre mein Ziel erreicht.

Wenn ich im Verlauf des Buches über alternde und alte Menschen, Hochbetagte oder Greise sprechen werde, habe ich folgendes Zeitschema im Sinn: Alternde sind Menschen über 55 Jahre, alte Menschen sind solche über 65 Jahre (sogenannte junge Alte), Hochbetagte sind über 75 und Greise über 85 Jahre alt.

Es ist mir bewußt, daß dies willkürliche Zahlen sind, die in keiner Richtung für jedermann zutreffen. Jeder Mensch hat seine eigenen Reifezeiten. Es muß aber ein gewisses Schema vorgegeben werden, das sich an die heute am häufigsten auftretenden Altersentwicklungen hält.

Dieses Buch enthält Vorschläge, Anregungen, Tabellen, die aufklären sollen, und praktische Beispiele, wie individuelle Berechnungen angestellt werden können. Es soll auch manchmal eine Herausforderung für den Leser sein, bestimmte Dinge selbst zu erarbeiten. Nur das Selbsterarbeitete sitzt, bleibt erhalten.

Die erste Inspiration zu diesem Buch gab mir das große Interesse, welches meine Vorträge über Altersfragen bei dem jeweiligen Publikum fanden. Jedesmal hat mich am Schluß eines Vortrags die intensive Nachfrage nach einem entsprechenden Buch erstaunt, mit der ich regelrecht überfallen wurde. Sie machte mir deutlich, wie wenig Menschen über einfache medizinische Binsenweisheiten wissen. Und wieviel sie andererseits wissen wollen, ohne die Möglichkeiten zu erkennen, sich selbst zu informieren.

Hier bestand und besteht offensichtlich eine Lücke, die mich um so mehr erstaunt, als ich keine wissenschaftlichen Neuigkeiten verbreite, sondern von mir für Laien aufbereitetes medizinisches Allgemeingut, das längst bekannt sein sollte (s. a. Literaturliste am Ende dieses Buches). Ich hätte dieses Buch aber nicht schreiben können, wäre ich nicht viele Jahre als niedergelassene Internistin und Psychotherapeutin hauptsächlich geriatrisch, also an alten Menschen, Hochbetagten und Greisen, in einem Wohnstift tätig, hätten mich diese nicht an ihrem Schicksal lernend teilhaben lassen. Indirekt haben sie mich dadurch belehrt und mitgeformt. Dafür bin ich ihnen aufrichtig dankbar.

I. Theoretischer Teil

Fehlendes Gesundheitsbewußtsein

Unlängst las ich in einer Zeitschrift einen Artikel, in dem das Gesundheitsbewußtsein medizinischer Laien mit dem medizinischer Fachleute verglichen wurde. In dem Artikel konnte man etwas über eine Studie von »Infratest Gesundheitsforschung« erfahren, nach der Laien im Gegensatz zu Medizinern zu folgenden Ansichten neigen:

- Krankheiten haben auch etwas Gutes
- Krankheiten gehören zum Leben wie das Amen in der Kirche (sind also schicksalhaft und unvermeidbar, man braucht deshalb auch keine Angst davor zu haben)
- Über Gesundheit wird viel zu viel geredet
- Mit meiner Gesundheit kann ich machen, was ich will (ein Eingeständnis von Charakterschwäche, latenter Depression und der Abwehr von Schuldgefühlen)
- Krankheiten sind heute reparabel (blinder Fortschrittsglaube, der ein wenig an die Reparatur eines kaputten Autos erinnert)
- Man kann erst gesund leben, wenn Elend und soziale Ungerechtigkeiten verschwunden sind (Autoritätshörigkeit; ein sozial Stärkerer ist schuld an meinem Kranksein)

Diese Kette von Ungereimtheiten und Unbekümmertheiten legt große Unkenntnis offen, daneben viele mehr oder minder unbewußte Angst- und Schuldgefühle, Verdrängungen und Verschiebungen. Sie zeigen die Hilflosigkeit großer Bevölkerungsteile.

Jener Artikel gab mir den letzten Anstoß zu diesem Buch, welches längst bekannte und neueste medizinische Erkenntnisse darlegen will, die eigentlich Allgemeingut sein sollten. Sie sind es aber nicht. Warum? Es kann damit zusammenhängen, daß viele Mediziner sich lieber untereinander über Gesundheitsvorsorge austauschen, als ihr Wissen direkt an Laien weiterzugeben. Mit ihren Patienten sprechen sie berufsgewohnt eher über deren bereits bestehende Krankheiten. Der Sinn für Prophylaxe, für Vorsorge, wird in Deutschland erst langsam geschärft.

Viele Laien trauen sich auch gar nicht, scheinbar einfache und alltägliche Fragen an Fachleute zu stellen, da sie nicht als dumm oder ungebildet erscheinen wollen. Leider, denn so bleiben sie unwissend. Das Unwissen über moderne Gesundheitsvorsorge hängt auch damit zusammen, daß sogenannte alte Volksweisheiten und Überlieferungen länger im Bewußtsein der Menschen haften, als sie es manchmal verdienen. Bei weitem nicht alle Volksweisheiten halten dem kritischen Wissen der heutigen Zeit stand (wenn auch erstaunlich viele).

Viele schlechte Gewohnheiten werden aber unüberlegt einfach aus dem Elternhaus, aus der Vergangenheit übernommen und fortgesetzt. Nichts haftet z. B. fester als in der Kindheit Gesehenes, Geübtes oder Anerzogenes.

Die meisten Menschen denken deshalb über Alltägliches wenig nach, stellen zumindest mehr oder minder liebgewordene Gewohnheiten aus der Jugend kaum in Frage. Sicher hängt dies auch mit Verdrängungsmechanismen zusammen, die einsetzen, wenn es um Unangenehmes geht, gegen das man sich nicht wehren kann oder möchte; sei es das Unangenehme, eine Gewohnheit verändern zu müssen, oder auch nur, besser auf sich selbst aufzupassen. Menschen haben eine tiefe Sehnsucht nach einer heilen Welt; daher verdrängen sie nicht nur Unangenehmes der Vergangenheit, sondern auch das Unwägbare der Zukunft, nämlich das Alter.

Alter erscheint aber immer als etwas Unangenehmes, denn es hängt mehr oder minder stark mit Verlusten (Gesundheit, Geld, Menschen) zusammen, mit Leiden, ja mit Sterben und Tod.

Leiden will der Mensch unserer Tage nicht. Wofür haben wir denn den Fortschritt?

Der Tod ist meist der der anderen. Kaum einer antizipiert den eigenen, nimmt ihn gedanklich voraus.

Der Geburtsvorgang soll schnell und schmerzfrei gemacht werden, selbstverständlich soll es auch der Tod sein, und dazwischen soll ein langes, gesundes Leben liegen.

Daß diese heile Welt nur die eines unerwachsenen Menschen sein kann, daß Konflikte und mit ihnen das Leiden zum Reifwerden gehören im sozialen Umgang und in der rein gesetzmäßig ablaufenden und daher unbarmherzig erscheinenden Natur, das sind Erkenntnisse, die vielen verschlossen bleiben, bis das Schicksal sie darauf stößt.

So las ich in der Freitagsbeilage der »Frankfurter Allgemeinen Zeitung« von einem Prominenten die Antwort auf die Frage, wann er sterben wolle: »Gesund mit 120!« – Es fehlte nur noch der Nachsatz: »... und reich und schön und glücklich!«

Daß wir durchschnittlich *länger* leben als frühere Generationen, ist heute schon Gewißheit. Ein langes, *gesundes* Leben ist aber sicher für die meisten Menschen auch heute noch ein Wunschtraum, eine Illusion. Sie wird es auch bleiben, wenn man nichts dafür tut.

Wenn ich realistische Gedanken gegen die Aufrechterhaltung einer solchen Illusion setze, nämlich Gedanken, wie man tatsächlich eine Chance zum guten Altern entwickeln kann, so heißt das, daß man bereit sein muß, *frühzeitig* dafür einige Anstrengungen in Kauf zu nehmen.

Diese Anstrengungen setzen zunächst die Erkenntnis der weitgehenden Alleinverantwortung jedes Menschen für sich selbst voraus. Nicht die Gesellschaft, nicht der Staat, auch nicht die Krankenkasse sind für meine Gesundheit verantwortlich, sondern weitgehend ich alleine. Ich, der erwachsene Mensch, der mündige Bürger.

Eine besondere Verantwortung tragen allerdings Leitbilder, z. B. in der Regierung, in der Reklame – trägt besonders der Erzieher, zumeist die erziehende Mutter, vor allem die für ihre Kinder, aber auch für die ganze Familie kochende Mutter!

In Kindheit und Jugend können Übergewicht und träge Körpereinstellung durch Faulheit, sitzende Lebensweise und falsches Eßverhalten liebevoll anerzogen und später trotz vieler Mühen beibehalten werden. So wird das frühzeitige Ende der ›Lieblinge‹ an einer Sklerosekrankheit (wie Herzinfarkt oder Schlaganfall) in späterer Zukunft vorprogrammiert.

Oft schaden wir durch übertriebene, ja falsche Fürsorge denen am meisten, die wir am stärksten lieben!

Es ist klar, daß Altern den Weg zum Tod bedeutet, und daß beim Altern trotz aller Anstrengungen auch Mühsal eintreten wird, eintreten muß, gehen wir diesen Weg doch beladen mit den Hypotheken eines ganzen Lebens, vernarbt von den Krankheiten, den Schäden unserer Vergangenheit. Eines Tages treten irgendwelche Altersbeschwerden auf, ja schließlich Alterskrankheiten oder Krankheiten im Alter.

Man kann aber rechtzeitig, also möglichst frühzeitig in der Jugend, versuchen, sie überhaupt nicht zu bekommen, oder – wenn dies nicht mehr gelingen kann – sie zeitlich herauszuschieben oder sie gering zu halten, ja, sich ihnen schließlich nicht hinzugeben, sie nicht zum Mittelpunkt des Lebens und Denkens werden zu lassen. Dazu gehören sehr viel Disziplin, innere Haltung und Umsetzen in die Tat. Der Wunsch alleine – ohne nachfolgende Taten – genügt nicht.

Das Ziel haben die Engländer am klarsten ausgedrückt: Man solle versuchen, »to die with the shoes on«, in den Schuhen zu sterben.

Das ist auch das Ziel dieses Buches.
Es ist sicher manche Anstrengung wert.

Altersexplosion und mögliche Folgen

Nach einer Statistik von Bila lebten in der BRD im Alter über 65 Jahren:

    1871   4,6%
    1971 13,6%
    1981 15,1%

der Bevölkerung.

Diese Prozentzahlen sind weiter im Steigen begriffen. 1987, im Jahre der Entstehung dieses Buches, sollen es bereits 18% sein, im Jahre 2000 erwartet man 25 bis 30%. Jeder Dritte wird also in absehbarer Zeit über 65 Jahre alt sein. Nach heutiger arbeitsrechtlicher Auffassung ist er in der Regel dann Rentner.

Diese Alterszunahme ist nicht nur in Deutschland so auffallend, sondern auch in anderen Ländern. Sie betrifft uns in Europa z. B. nur an 4. Stelle. Im Grunde ist sie eine weltweite Erscheinung; so sollen zur Zeit die Japaner am ältesten werden. Wir befinden uns also in einer *Altersexplosion,* und dies ganz im Gegensatz zur Entwicklung der Zahl der Gesamtbevölkerung, die z. B. in Deutschland so auffallend zurückgeht, daß man uns schon als sterbendes Volk bezeichnen kann. Ich möchte keine exakten Zahlen nennen, da sie von Statistik zu Statistik, von Jahr zu Jahr schwanken. Die Prozentzahlen hängen auch von der Geburtenentwicklung ab, die bei aller Rückläufigkeit nicht konstant ist. Die Bevölkerungszahl jedoch nimmt zur Zeit pro Jahr um ca. 100 000 ab.

Wir befinden uns eindeutig zum ersten Mal in unserer Geschichte also in der Situation, daß man eine ungünstige Verschiebung des Verhältnisses Erwerbstätiger zu Rentnern greifbar vor Augen hat. Im 3. Jahrtausend kann es 1 : 1 stehen. Das Bruttosozialprodukt der Gesamtbevölkerung kann dadurch gefährlich belastet werden. Der berufstätige Erwachsene muß künftig nämlich für sich und für einen Rentner zusätzlich sorgen, ja irgendwann sogar vielleicht für sich selbst und zwei Rentner!

Es erhöht sich aber nicht nur die Gesamtzahl alter Menschen über 65 Jahren, es kommt auch noch zu einer anderen interessanten Verschiebung: *Frauen* werden zunehmend älter als Männer. In der BRD werden Frauen heute durchschnittlich 77, Männer 70 Jahre alt. Frauen werden im Durchschnitt zur Zeit etwa 7 Jahre älter als Männer, und zwar weltweit, nicht nur in Deutschland. Dies soll sogar für die weibliche Tierwelt gelten – soweit das erforschbar ist.

Die Gründe hierfür sind sicher einmal genetische, also durch xx-Chromosomen der Frau vererbte, denn diese sind nun einmal stabiler als die xy-Chromosomen des Mannes. Andere Gründe liegen wohl in der Tatsache, daß Östrogen, das Haupthormon weiblicher Wesen, anregend auf den Ruhenerv (Parasympathikus) des der Willkür entzogenen, alle inneren Organe steuernden Nervensystems wirkt. Außerdem senkt Östrogen auch noch den Cholesterinspiegel, den Sklerosefaktor Nr. 1.

Soziokulturell bedeutet dies natürlich eine interessante Verschiebung in der sozialen Wertigkeit der Geschlechter. Die alte Frau gewinnt deutlich an Position, an Stellenwert gegenüber dem alten Mann. Sie ist nämlich viel länger Konsumentin, also Wirtschaftsfaktor, als der Mann.

In der Familie ist sie länger ein gewisser Stabilitätsfaktor zwischen den Generationen, also zwischen Kindern und Eltern. Die Großmütter ermöglichen vieles, teils durch ihre reichliche freie Zeit, teils durch ihre nicht unerhebliche Rente, sicherlich gelegentlich auch durch ihre Lebenserfahrung.

Als Großmutter beurteilt man vieles anders als Jahre zuvor als Mutter. In Altersheimen ist der weibliche Überhang unübersehbar.

Weiterhin kann man auch Interessantes bei der Zuordnung der Langlebigkeit zu *Berufsgruppen* erfahren.

Nach Berufen geordnet, sollen gegenwärtig Lehrer und Top-Manager am ältesten werden. Am unteren Ende der Altersstatistik steht der ungelernte Arbeiter. Nach meinen Beobachtungen altern erfolgreiche Künstler, speziell Maler und Musiker, besonders langsam und gut. Soziologen halten es für unbestritten, daß der soziale Status, nämlich das Zusammenwirken von Bildung und Beruf (und auch Einkommen), sich positiv auf die Lebenserwartung auswirkt. Möglicherweise wirkt sich erfolgreiches eigengestalterisches Vollziehen ohne ständigen Druck von außen positiv aus, beziehungsweise die Gabe, Lebensprobleme musisch zu sublimieren, zu verarbeiten. Freischaffende Künstler pflegen auch keine Chefs zu haben, keiner Hierarchie unmittelbar ausgeliefert zu sein.

Welche Rückschlüsse lassen sich aus diesen Statistiken ziehen?

Es werden heute mehr Menschen 65 Jahre und älter, als früher; jedoch wird kaum jemand absolut gesehen älter als in früherer Zeit. Die Traumzahlen von 100, 110 oder gar 120 Lebensjahren werden auch heute noch extrem selten erreicht, wenn auch häufiger als früher. Überschritten wurden sie jedoch bisher nie. So wurden 1963 in der BRD 289 Menschen 100 Jahre alt oder älter, 20 Jahre später waren es jedoch schon (oder erst?) 1577, also etwa fünfmal so viele.

Die hauptsächlichen Todesursachen, Unfälle ausgenommen, sind heute Herz-Kreislauf-Erkrankungen (inklusive Schlaganfälle) und Krebserkrankungen. Sollten einmal die Herz-Kreislauf-Erkrankungen und der Schlaganfall noch weiter beherrscht werden können, so könnte man nach theoretischen Berechnungen mit einer Verbesserung der statistischen Durchschnitts-Lebenserwartung der Gesamtbevölkerung um circa weitere sieben Jahre rechnen. Sollte der Krebstod in absehbarer Zeit überwunden werden, so könnte mit einer Verbesserung der durchschnittlichen statistischen Lebenserwartung um weitere zwei Jahre gerechnet werden, immer auf die Gesamtbevölkerung bezogen. Das würde bedeuten, daß die Frau in vielleicht näherer Zukunft im Durchschnitt dann ca. 84 Jahre alt werden könnte, der Mann 77 Jahre. Das wäre realistisch. Das sind unsere Aussichten, wenn nicht ein medizinisches Wunder geschieht, das völlig neue Vorzeichen setzt.

Hohes Alter wurde aber auch schon früher erreicht, allerdings nicht im Durchschnittswert, sondern als Seltenheit.

Ich möchte Ihnen einige Personen aus der Geschichte vor Augen führen, die für *ihre* Zeit extrem alt wurden.

Ich denke an Archimedes, er wurde *73 Jahre;* Sokrates *71 Jahre* (getötet); König Ludwig XIV. *72 Jahre;* König Friedrich der Große *74 Jahre;* König Friedrich Wilhelm II. *70 Jahre;* Kopernikus *70 Jahre* (getötet).

Über *75 Jahre alt* wurden gar Cherubini (1760–1842), Degas (1834–1917), Donatello (1386–1466), Marie von Ebner-Eschenbach (1830–1916), Galilei (1564–1642), Goethe (1749–1832), Goya (1746–1828), Händel (1685–1759), Hamsun (1859–1952), Hermann Hesse (1877–1962); Hippokrates starb mit 105 Jahren (460–355 v. Chr.), Alexander Humboldt (1769–1859), Kaiser Franz Josef (1830–1916), die Brüder Mann, Thomas (1875–1955) und Heinrich (1871–1950), Menzel (1815–1905), Michelangelo (1475–1564), Monet (1840–1926), Renoir (1841–1919), Shaw (1856–1950), Sibelius (1865–1957), Tintoretto (1518–1594), Tizian (1477–1576), Leo Tolstoi (1828–1910), Voltaire (1694–1778), erreichten ein hohes Alter.

Warum waren diese Menschen nun bezüglich ihrer Langlebigkeit *Ausnahmen* ihrer Zeit?

Damals, in vergangenen Jahrhunderten, starben viele Menschen relativ jung, zumeist an Infektionskrankheiten wie Masern, Diphtherie, Scharlach, Keuchhusten, Mumps, ferner an Kindbettfieber, an Wundfieber, an Pocken, an Pest, Typhus, Ruhr und an Tuberkulose. Hinzu kam mangelhafte oder falsche Ernährung oder beides. Ihre frühe Sterblichkeit drückte somit die Statistik herunter, die ja aus Durchschnittswerten besteht, in die auch das kurze Lebensalter von verstorbenen Säuglingen einfließt. Alt werden konnte nur der, der diese Krankheiten fast wie durch ein Wunder überstand. Eine kausale, an den Wurzeln der Infektion, also etwa bei den Mikroben angreifende Therapie gab es überhaupt nicht.

Lieutaud, der Leibarzt Ludwigs XIV., erkannte das medizinische Wissen seiner Zeit, als er sagte: »*Ich bin wie ein Nachtwächter auf dunkler Straße. Ich kenne die*

Häuser, an denen ich vorübergehe, aber ich weiß nicht, was drinnen vorgeht.«

Noch vor hundert Jahren (1885) lag die Durchschnittszahl zu erwartender Lebensjahre zwischen 40 und 50 Jahren, davor noch niedriger. Erst seit Ende des 2. Weltkriegs haben sich die Zahlen entscheidend gebessert, und zwar durch die bahnbrechende Erfindung des *Penicillins.* 1945 erhielt der walisische Forscher Fleming dafür den Nobelpreis. Weitere Antibiotika folgten. Durch diese neuen Medikamente fielen die Infektionskrankheiten als hauptsächliche Todesursache praktisch an das Ende der Statistik der Todesursachen zurück. Der entscheidende erste große Sprung in den Altersstatistiken ist auch tatsächlich nach 1945 zu verzeichnen.

An der *absoluten* Zahl erreichbarer Lebensjahre, an der bisher unerfüllten Hoffnung auf eine Verschiebung der Traumzahl in die Hunderter-Reihe, hat sich aber durch die Jahrhunderte nur wenig verändert. Ein wirklich bahnbrechender Fortschritt in Richtung Unsterblichkeit ist der Medizin nicht gelungen. Es zeichnet sich auch noch nichts in dieser Richtung ab.

Auch wir kennen von Lieutauds Häusern bei weitem noch nicht alle Räume. Der Mensch bleibt das vergängliche Wesen, das er ist, da er die Gesetze, denen er selbst unterliegt, der Natur nicht zu entreißen vermag. Er sollte aber versuchen, die ihm gegebene Zeit gesund und wach zu erleben, *aktiv* und *seiner selbst bewußt*.

Dies ist sicherlich auch eine volkspolitische Notwendigkeit. Im 3. Jahrtausend wird ja irgendwann ein Berufstätiger einem Rentner gegenüberstehen, dieser jenen ernähren müssen. Und dieser Rentner wird auch noch viel länger als je zuvor in der Geschichte Rente beziehen, nämlich 20 bis 30 Jahre lang. So lange muß er ernährt, ja gut ernährt werden. Dies ist fast unmöglich.

Ich sehe darum nicht das Heil in einer verkürzten, sondern eher in einer verlängerten, aber erleichterten, angepaßten Lebensarbeitszeit! Diese Lebensarbeitszeit ist nämlich zumeist der beste Garant dafür, der Altersproblematik zu begegnen. Warum? Sehen wir zunächst noch einmal in die Geschichte!

Die eingangs erwähnten Persönlichkeiten, die Ausnahmen ihrer Zeit, waren zumeist *aktiv,* hoch begabt und lebten zumeist in für damalige Verhältnisse hohem sozialen Status.

Wir glauben zunächst, daß sie so aktiv hochbetagt werden konnten, weil sie so gesund durch ein günstiges Schicksal alt wurden. Es spricht aber einiges dafür, daß es auch umgekehrt sein kann: Weil diese Menschen sich in ihren Lebensaufgaben so forderten, weil sie geistig so aktiv, auch so kreativ waren und blieben, sind sie so gesund hochbetagt geworden! Goethe schrieb 80 Jahre alt am zweiten Teil des »Faust«, Ranke beendete 91jährig erst seine »Weltgeschichte«, »Effi Briest« wurde vom 71jährigen Fontane geschrieben, Donatello beendete 78jährig seine Arbeit am Dom, Michelangelo 86jährig die Porta Pia in Rom. 50 Prozent aller Genies werden uralt – dies kann kein Zufall sein.

Ganz sicher spielten und spielen freilich Erbmasse, Konstitution und auch ein Quentchen Glück eine Rolle.

Aber man spricht ja auch vom *Rentnertod* als dem Tod dessen, der bald nach Erreichung der (ersehnten) Pensionierung stirbt, anstatt zu leben. Wissenschaftlich ist das unbegründbar. Volkes Stimme meint jedoch, der nicht mehr arbeitende Mensch sei des Zentrums verlustig gegangen, einer liebgewordenen Aufgabe, oder auch nur einer gewohnten Pflicht, die ihn im Geschirr hielt.

Psychologisch ist sicher: Im Beruf war der Mensch *gefordert*. Er hatte einen höheren sozialen Status, höheres Ansehen, höheres Einkommen, soziale Kontakte durch den Beruf.

In Rente gilt er als Außenstehender, der nicht mehr im Tages- und Wochenrhythmus der Berufstätigen schwingt, sondern – wenn er gar unvorbereitet in sein Rentenalter ging – der Langeweile und dann auch dem Gefühl der Nutzlosigkeit, schließlich der Depression anheimfällt.

Darum: Sich *fordern* heißt auch sich *fördern!*

Ohne Forderung bricht Lebenskraft zusammen, die sich dem Tod entgegenstellt.

Es darf nicht nur der Ruhenerv Parasympathikus des von der Willkür unabhängigen Nervensystems überwiegen, gelegentlich muß auch der Kampfnerv Sympathikus in heilvolle Aktion treten.

Dies sei den Politikern ins Tagebuch geschrieben, die die verkürzte Lebensarbeitszeit propagieren. *Rente à la carte,* Rente nach Wunsch, muß die Devise heißen, damit die vielen, ohne negativen Streß Arbeitenden diese Arbeit behalten dürfen, auch wenn sie zufällig 65 Jahre alt geworden sind. Jeder Mensch altert nämlich individuell.

Es wird dann für mehr Menschen wahr, daß es eine Gnade ist, jung sterben zu dürfen, besonders wenn man hochbetagt ist!

Was ist Alter eigentlich?

Jeder kennt den Begriff *Alter*. Die meisten erleben das Alter selbst, jedoch: Bei der Definition des Begriffs »Alter« beginnt der Laie zu stottern, und der Fachmann zögert. Laut Brockhaus ist Alter »der letzte Lebensabschnitt, die Zeit jenseits des 6. Lebensjahrzehnts. Hieran schließt sich das Greisenalter«. Das ist eine sehr ungenaue Definition; sie stimmt in ihrer zeitlichen Relevanz, in ihrer zeitlichen Bestimmung auch sicher nicht für jedermann. So gibt es relativ alte 65jährige oder 75jährige und relativ junge 65jährige oder 75jährige etc.

Der eine altert zeitlich früher, der andere später, nicht alle gleich. Oft besteht eine Diskrepanz zwischen dem Altern des Körpers, des Geistes und dem der Seele, der seelischen Reifung. Alter ist daher ein individuell zu bestimmender Begriff.

»Man ist so alt, wie man sich fühlt« – diese Binsenweisheit hat Wahres für sich. Die eigene subjektive Befindlichkeit hat Rückwirkungen auf den objektiven Alterungsprozeß, da die *Seele* unseren *Körper* indirekt stark beeinflußt. Nur im Krankhaften, z. B. Hypochondrischen, verzerrt sich diese Rückwirkung. Aus Zufriedenheit, Ausgeglichenheit und realistischem Optimismus entstehen positive Kräfte, zunächst für den Geist, dann auch für den Körper.

Im übrigen: Jeder kennt sein Alter. Aber kennt er seine eigene Alterung? Wir selbst bemerken unsere Alterung ja nicht in der Kontinuität unserer Tage. Wer merkt schon, daß er heute, Dienstag, älter ist als gestern, Montag? – Er ist es aber! Wir selbst bemerken das Älterwerden nur in großen Abschnitten, an großen Veränderungen, z. B. nach einer Krankheit, bei einer Strapaze, nach einem »Gelage« oder nicht selten dadurch, daß unsere Umwelt uns daraufhinstößt. Oft sind es unsere Kinder oder Enkel, die es uns in reiner Unschuld bewußt machen: »Wie, ihr wollt tanzen gehen? Traut ihr euch denn eine solche Strapaze zu?« – »Ist eine solche Reise nicht ein bißchen weit?« – Oder gar: »Was will der Kerl bei Mutter?« – Bis zu: »In eurem Alter heiraten, lachhaft!«

Die Alterung ist also für einen selbst in der Gleichmäßigkeit der Tage nicht erkennbar, sondern erst wenn sie ruckartig auftritt, wie z. B. nach einer Krankheit. Der Alterungsprozeß tritt tatsächlich nicht allmählich, sondern ruckartig ein, nach sogenannten Schwellenwert-Richtlinien, wie alle biologischen Abläufe und Entwicklungen. Erst wenn ein gewisser Schwellenwert (z. B. des Blutspiegels des weiblichen Östrogens) erreicht ist, kann im Körper eine Veränderung stattfinden (nämlich der Eisprung in den Eierstöcken). Dies ist ein biologisches Gesetz. Es gilt auch für das Altern.

Soziologisch betrachtet, bedeutet die Alterung – besonders aus der Sicht Jüngerer – eine Verzichtssituation, welcher der Ältere sich leider nur zu oft einfach unterwirft. Die bekannte Alterspsychologin Ursula Lehr hat dieses Altersbild als *Defizit-Bild* bezeichnet, dem es zu entweichen gilt.

Wie entstehen solche Defizit-Bilder? Nach Lehr gibt es mehrere Theorien.

Die eine Theorie besagt, daß seit Jahrhunderten der alte Mensch – der Greis – den Kindern gegenüber in Elternhaus und Schule als arm, schwach und hilfsbedürftig dargestellt wurde, um in der jungen Generation das Gefühl der Hilfsbereitschaft wecken zu können. Diese Hilfsbereitschaft war und ist sehr wichtig, denn nur über sie kann der Generationsvertrag eingehalten werden, welcher besagt, daß immer die jüngere, arbeitsfähige Generation die alte, hilfsbedürftige ernährt und nicht verkommen läßt. Seit Jahrhunderten war die Einhaltung dieses Generationsvertrags im Familienverband ganz unmittelbar lebenswichtig und notwendig. Noch mehr vor 2000 Jahren, denn nur so ist verständlich, daß das 4. Gebot als einziges eine Verheißung hat. Heute läuft der Generationsvertrag mittelbar über die Sozialversicherungen, ist also gesetzlich verankert. Der tiefenpsychologische Hintergrund bleibt jedoch derselbe. Es ist der, daß kein Mensch einen anderen gern unterhält, ohne irgendetwas für sich dafür zurückzubekommen. Es sei denn, dieser andere ist hilfsbedürftig, wie ein Kind – oder eben wie ein Greis. Dann bezieht der Gebende aber auch wieder Ansehen, ja Verheißung aus der Hilfsbereitschaft. *Do ut des.* Gib, damit dir gegeben wird.

Ehre Vater und Mutter, damit es Dir wohlergehe und Du lange lebest auf Erden.

Es ist also eine gesellschaftspolitische Notwendigkeit, Alter gegenüber Kindern als Hilfsbedürftigkeit darzustellen, damit es lebenslang festsitzt; denn kaum etwas sitzt fester als das in der Kindheit Eingeprägte (sogar wenn es in Bausch und Bogen ein Vorurteil sein sollte).

Eine andere Theorie des Lehrschen Defizit-Bildes besagt, daß die Ärzte in früheren Zeiten ein negatives Bild des Alters geprägt haben. Früher haben nur Philosophen und Ärzte wissenschaftlich über das Alter gearbeitet; Psychologen und Soziologen gab es noch nicht. Und die Ärzte berichteten natürlich nur über das, was sie beruflich beobachteten: Das waren fast ausschließlich kranke, schwache Alte, denn die Gesunden gingen nicht zum Arzt. Vorsorge war gänzlich unbekannt, nur wirklich kranke Menschen leisteten sich einen Arztbesuch, wenn überhaupt.

Zum Defizit-Bild des Alters wird aber noch eine weitere Theorie hinzugefügt, nämlich die des Rollenverhaltens. Wir leben alle unser Leben lang in vorgeprägten »Rollen«. Wir haben gelernt, Rollen übertragen zu bekommen, eine bestimmte Rolle zu spielen, sich solchen Rollen stellen zu müssen: als gehorchendes Kind bei den Eltern, als Heranwachsender, Lernender in der Schule und Ausbildung, als Mann und Frau in der Partnerschaft, als erziehender Vater oder erziehende Mutter, als Arbeitender im Beruf. Auch wenn man sich sträubt und sich als Individualist empfindet – man spielt eine Rolle: »Man« tut dies und das einfach sein Leben lang. Dieses »man« ist ein ungeschriebenes Gesetz, wirksamer als die geschriebenen.

Wie kann »man« sich da im Alter anders verhalten, als es der Rolle des alten Menschen entspricht!

Und diese Rolle kennt man ja von Kindesbeinen an: Ein alter Mensch ist schwach, wehleidig, nörglerisch, niedergeschlagen, anspruchslos, bedürfnislos, steht zurück, muß auch zurückstehen, ist hilfsbedürftig, ist ein Griesgram, ein Verzichter. Wenn er nicht so ist, ruft er Freude, aber auch unser Erstaunen, wenn nicht gar unsere Abwehr hervor, wie bei nichtrollengerechtem Verhalten instinktive Abwehr oftmals die Folge ist. Der alte Mensch fügt sich seiner Rolle fast immer, wie er es sein Leben lang getan hat, wie wir Jüngeren es mit unserer Rolle auch tun.

Es kommt noch etwas anderes, Interessantes hinzu: Da wir hören, daß Alter Mühsal ist, Schwäche und Unglück, beobachten wir daraufhin alte Menschen automatisch in Richtung Mühsal, Unglück, Schwäche – ja Geistesschwäche! Letzteres ganz besonders. Und wir finden das, was wir suchen, häufiger als das, was wir nicht suchen. Denn es ist eine altbekannte psychologische Tatsache, daß eine *Erwartenshaltung* zur *unbewußten Auswahl* der Wahrnehmung in Richtung auf das Erwartete führt und damit indirekt unser Leben beeinflußt.

Ich will zusammenfassen:

Das Negativbild des Alters wurde uns anerzogen, wir sehen und finden es dann auch häufiger, weil wir das positive Bild weniger beachten, und neigen später selbst dazu, uns rollengerecht so negativ zu verhalten.

Auch Goethe wußte Ähnliches. In Faust II läßt er Mephisto sagen: »*Greis kommt von grämlich.*«

Ich habe bis jetzt das falsche soziologische Klischeebild des Alters gezeigt und hoffentlich auch davor gewarnt. Ich möchte nun zeigen, daß man Alter nicht pauschal fürchten soll, daß es genug alte Menschen außerhalb des negativen Klischeebildes gibt. Denken Sie an Adenauer, Kokoschka, Picasso, Pablo Casals, Luis Trenker, Wilhelmine Lübke, Charles de Gaulle, Rubinstein, Chagall, Jünger, Arno Breker, Hermann J. Abs, Horowitz und viele andere aus unserer Zeit, aus unserer nahen Umgebung. Sehen Sie sich nur um!

Auch Alter ist ein völlig individuelles Sein, so wie das ganze Leben ein individuelles Sein ist. Auch in der heute so modernen Gruppe lebt jeder sein eigenes Schicksal. Alt werden, alt sein hat für jeden eine eigene Problematik, die von seiner körperlichen, geistigen und seelischen Biographie gesteuert wird. Seiner selbst bewußt und seiner soziologischen Macht, läßt es sich besser altern. Fragen Sie die »grauen Panther«!

Der sehr alte Mensch ist im übrigen so wie er sein ganzes Leben lang war, nur gewissermaßen reduzierter, sagen wir: eine Nummer kleiner. Das stimmt im Körperlichen wie im Geistigen wie im Seelischen.

Ich werde in diesem Zusammenhang immer wieder gefragt, ob es nicht besondere Alterseigenschaften gibt, die einfach jeder bekommen wird, wenn er hochbetagt ist, z. B. Altersgeiz, Altersmißtrauen und die gefürchtete Altersschrulligkeit.

Es *gibt* aber solche *Alterseigenschaften* nicht. Nur die bereits früher vorhandenen Eigenschaften treten unmaskierter, krasser hervor, da sich die lebenslang eingefahrenen seelischen Abwehrmechanismen verstärken. So wird der Mißtrauische mißtrauischer, der Penible penibler, der Geizige geiziger, der Unordentliche versinkt gar im Chaos. Wenn wir das Alter fürchten, so fürchten wir also nur uns selbst, ohne die Maske der Jugend, der Flexibilität.

Was ist Alter aber *organisch*?

Mediziner pflegen ganz allgemein zu sagen: Alter ist eine Reduktion, eine Abnutzungserscheinung aller Teile des Körpers. An den Gelenken wirkt Alter dadurch oft am schmerzvollsten.

Es ist eine mangelnde Durchsaftung; man sieht es an den Falten der Haut, die nicht schöner machen; am Schrumpfen des Augapfels, das zur Altersbrille führt, behindert und verunsichert; am Grauwerden der Haare, das bereits zum Symbol des Alters geworden ist. Der Stoffwechsel wird insgesamt langsamer, die Hormonproduktion läßt nach, der Mensch schrumpft dem Grab entgegen.

Dies alles sind aber Mangelerscheinungen funktioneller Art, die echten *Ursachen* des Alters sind damit nicht erklärbar. Früher wurde von der Existenz von »Todeshormonen« gesprochen, die den Menschen altern lassen. Wir müssen sie in den Bereich der Fabel verweisen.

Auch über die Verantwortlichkeit der Thymusdrüse für das Leben oder Sterben bzw. für die Gesundheit im Alter ist bisher wissenschaftlich Reproduzierbares nicht eindeutig bewiesen. Und die Wissenschaft verlangt ja zur Akzeptanz, daß eine wissenschaftliche Theorie beliebig oft reproduzierbar ist.

Im Altertum hieß es: *»Senectus ipsa morbus.«* – Alter ist Krankheit. Es klingt noch heute im Volksmund in vielen Resignationen durch. Es ist falsch! *Alter* selbst ist *keine* Krankheit. Es gibt aber *Krankheiten*, die fast ausschließlich im Alter auftreten, wie Gefäßsklerose, Gelenkdegenerationen, Hirnstoffwechsel-Störungen etc.; und es gibt Krankheiten, die *auch* im Alter auftreten – zu viele, um sie aufzuzählen. Es kommt dadurch oft zur Multimorbidität, zur Vielkrankheit im Alter; es sind schon bis zu 20 verschiedene Krankheiten zu einem Zeitpunkt an einer Person gezählt worden.

Nach heutigem Wissensstand gibt es nur *ein* echtes atrium mortis, ein Tor des Todes, und damit auch Tor des Alters: Es ist der Zellstoffwechsel der Gesamtheit aller Zellen. Ganz speziell gilt dies aber für das Hirn. Denn das Hirn ist die übergeordnete Schalt- und Koordinationsstelle für *sämtliche* Funktionen des Körpers. Es ist darüber hinaus der Sitz des Denkapparates und des spezifisch Menschlichen, der menschlichen Seele.

Man nimmt heute an, daß seelische Abläufe hauptsächlich in der rechten Hirnhälfte lokalisiert sind. Besonders die unbewußten, instinktiven Handlungen werden hier ausgelöst, alles Kreative hat hier seinen Ursprung. Auch das bildhafte Einprägen geschieht in der rechten Hirnhälfte, das abstrakte Denken dagegen in der linken Hemisphäre. Wer also bildhaft und abstrakt lernt, fordert beide Hirnhälften.

Man kann also mit Recht formulieren: *Der Mensch ist so alt, wie sein Hirn wert ist.* Darum haben Mediziner und Juristen den Begriff »Leben« heute eindeutig an den Nachweis von Gehirntätigkeit gebunden. Dieser Nachweis ist möglich, da die Arbeit der Hirnzellen unter anderem elektrisch abläuft. Diese elektrischen Arbeitsabläufe sind im EEG, im Elektroencephalogramm, meßbar. Anders ausgedrückt: Sind diese Ströme eine gewisse Zeit nicht mehr meßbar, gilt der Mensch – auch juristisch – als tot.

Das menschliche Gehirn ist selbst im Zeitalter der Organtransplantation immer noch unersetzbar. Unvorstellbar, wenn dies anders wäre! Denn unser Ich-Bewußtsein ist sicherlich im Gehirn beheimatet.

Wenn Alter selbst nun vom Steuerungszentrum Hirn abhängt und keine Krankheit ist – was ist Alter dann? Warum stirbt man überhaupt? *Warum* kann man nicht ewig leben?

Diese die Menschen seit Jahrtausenden beschäftigende Frage ist schwer zu beantworten. Jede Generation hat eigene Theorien aufgestellt, die meisten sind wissenschaftlich unbewiesen. Auch unsere Generation ist auf dem Weg zu den Ursachen noch nicht am Ziel angelangt.

Wir glauben zur Zeit, daß es wahrscheinlich *erbliche* Faktoren sind, die die Lebensdauer eindeutig begrenzen. Anders gesagt: Die Körperzellen und besonders die Hirnzellen besitzen gewissermaßen eine innere Uhr, die dem Neugeborenen mitgegeben wird. Ihre Laufzeit bestimmt das Lebensalter der Zellen, und zwar über deren Gene. Die Volksweisheit hat also recht, wenn sie über einen Toten sagt: »Seine Zeit war abgelaufen.« Wie kann man sich dies nun im Detail vorstellen?

Jede Zelle besteht aus einem Zell-Leib und einem Zell-Kern. Ihre Bestandteile sind verschiedenartige Eiweißkörper. Zellkerne besitzen Einschlüsse, die wir Gene nennen. Sie sitzen dort in länglichen Gebilden, sogenannten Chromosomen, und bestehen aus verschiedenartigen Eiweißbausteinen, nämlich Desoxyribonukleinsäuren, DNS genannt. Die *DNS* ist also ein aus Aminosäuren bestehender Eiweißkörper. Sie ist wichtig, denn sie ist der Informationsträger *aller vererbter* und *aller erworbener, bleibender Information*.

Diese DNS unterliegt während ihres Lebens Schädigungen. Die Gene, die Desoxyribonukleinsäuren, besitzen jedoch gegen diese Schädigungen einen *Reparaturmechanismus* in Form der »Messenger«-(Boten-)Ribonukleinsäure, damit sie überleben können. Dieser Reparaturmechanismus scheint im Alter nachzulassen, möglicherweise durch Mutation, das ist eine unwillkürliche Umwandlung während des Lebens. Daß solche Mutationen in den Genen während der Lebenszeit möglich sind, hat die Wissenschaft erst vor kurzem herausgefunden.

Danach entsteht während des Alterns plötzlich aus einer richtigen eine fehlerhafte, eine falsche »Messenger«-(Boten-)Ribonukleinsäure (Reparatureiweiß), und daraufhin Zell-Unordnung. Das Zellprogramm geht gewissermaßen verloren. Die Widerstandskraft läßt nach. Im Fall der Hirnzellen kann dies beispielsweise Einlagerungen von verändertem Eiweiß oder vieles andere bedeuten, und damit schließlich Zelltod. Der Zelltod *ei-*

ner Zelle bedeutet nichts, der Zelltod *vieler* Zellen bedeutet Krankheit, der Zelltod *aller* Zellen bedeutet den Tod des Menschen.

Nach heutigem Wissensstand tritt der Tod *immer* durch *Krankheit* ein. Auch die sogenannte Altersherzschwäche, eine häufige Todesursache im Alter, ist eine Krankheit. Ein gesundes, ungestörtes Herz gibt nicht auf, arbeitet normal. Krankheit jedoch wird verursacht oder zumindest mitverursacht durch das Nachlassen der Widerstandskraft. Das Ende der Widerstandskraft des Menschen liegt spätestens – soweit wir heute wissen – zwischen dem 90. und 120. Lebensjahr. Länger scheint menschliche Widerstandskraft zur Zeit nicht anzuhalten. Der Mensch destabilisiert, ergibt sich dem Wandel. Die Forschung ist auf diesem Sektor jedoch noch in den Kinderschuhen. Es dauert lange, bis der Mensch sich begreift, bis ein *Hirn sich selbst erkennt*, seine eigene Struktur versteht.

Eine echte, bahnbrechende Verlängerung menschlichen Lebens über 90 oder gar 120 Jahre hinaus kann aus heutiger Sicht eventuell von der Gentechnologie kommen, wohl aber in noch ferner Zeit. Ob man diesen Fortschritt dann begrüßen sollte, wird eine andere Frage sein. Er birgt große Probleme, auch ethischer Natur, in sich. Bis jetzt wird zu erwartendes Lebensalter noch unabänderlich »normal« vererbt. Wer alte Eltern *und* dazu noch vier alte Großeltern hat (letzteres ist sehr wichtig), eventuell gar acht alte Urgroßeltern hatte (!), kann erwarten, daß ihm die Langlebigkeit als angenehmstes Erbgut *reinerbig* in die Wiege gelegt worden ist. Aber auch dieser Mensch lebt nicht ohne Risiko. Auch dieser Mensch kann nämlich bereits vorher an Krankheiten sterben, die durch individuelle falsche Lebensweise entstehen. Ich kann das Beispiel eines eineiigen, erbgleichen Zwillingspaares anführen, dessen einer Zwilling ein gesunder Einundneunzigjähriger, der andere seit seinem 83. Lebensjahr tot ist. Letzterer war ein starker Raucher.

Falsche Lebensweise hat der Mensch selbst zu verantworten: Nikotin, Alkohol, Drogenkonsum, negativer Streß durch Überanstrengung, mangelnde Hygiene, mangelnde Krebsvorsorgeuntersuchungen, Leichtsinn im Intimleben, im Sport, auf Reisen, im Haushalt etc. kommen in Frage. Oder man wird unbeeinflußbaren Risiken von außen ausgesetzt, wie Unfällen, Epidemien, Krankheiten, die aus fremden Ländern eingeschleppt werden, etc. Oft ist es Verschulden anderer, manchmal kann man die Ursachen nicht nachvollziehen. Wir sagen dann: Es ist der Zufall. Er entscheidet vieles im Leben.

Im Grunde sind wir aber oft selbst die Produzenten des Zufalls, weil wir die Wahrscheinlichkeit, daß ein solcher Zufall eintritt, durch eigenes Verhalten erhöhen, so daß er – irgendwann – eintreten wird, eintreten muß! – Auch im »Zufall« kann oftmals ein Stück Eigenverantwortlichkeit versteckt sein. Wer *einmal* nach Afrika reist und unvorsichtig ißt, kommt vielleicht gesund wieder zurück. Wer *zehnmal* reist und immer alles riskiert, kann der Wahrscheinlichkeit nach eher »zufällig« Opfer einer Viruserkrankung werden. Grundsätzlich läßt sich sagen, daß die Gefahren für die Gesundheit, durch Fehlverhalten in fremden Ländern oftmals unterschätzt werden.

Es gibt möglicherweise auch noch autoimmunologische Faktoren, die den Alterungsprozeß vorantreiben. Wir verstehen darunter Bluteiweißveränderungen, die gegen sich selbst gerichtet sind. Man diskutiert, ob diese ihrerseits durch noch unbekannte Viruserkrankungen hervorgerufen werden. Es ist anzunehmen, daß diese autoimmunologischen Faktoren für *plötzliches*, schnelles Voraltern, *ohne* bisher erkennbare äußere Ursachen, verantwortlich zu machen sind. Aber eine letzte Gewißheit gibt es auch hier noch nicht.

Ich fasse zusammen:

Der Prozeß des normalen Alterns geht in Form
– von vielen allgemeinen Zellveränderungen,
– von Reduktionen,
– nach vererbten genetischen Gesetzen
zunächst ohne Krankheitswert vor sich, wird aber oft plötzlich vorangetrieben durch scheinbar kleine, harmlose Krankheiten, wie Grippe oder ähnliches, oder durch noch unbekannte Störungen, wahrscheinlich auch autoimmunologische Erkrankungen, von denen sich der einzelne Mensch schlecht und schlechter erholt.
  Viele dieser Krankheiten unterliegen der Eigenverantwortung, obwohl diese uns meist nicht bewußt ist. Eine dieser Krankheiten aber wird den Menschen dann einholen, eine schwere Krankheit sein und sein Schicksal werden. Der *Tod* ist nach bisherigem Wissensstand ausschließlich Krankheit (wenn sie auch nicht immer erkannt wird), weil die Widerstandskraft aufgrund genetischer Einflüsse im Alter von zur Zeit spätestens 90 bis 120 Jahren von sich aus aufhört bzw. durch Genmutation oder eine Vielzahl zum Teil noch unbekannter Störungen geändert wird. Die Destabilisierung bringt den Zerfall in die Bausteine der Natur, aus denen dann neues Leben in irgendeiner Form entstehen kann.

Panta rei – alles fließt. Auch wir.

Das menschliche Hirn und sein Aufbau

Wir wissen: Menschen altern nicht in gleicher Weise, sondern individuell. Was aber ist nun entscheidend für den jeweiligen Alterungsprozeß, für die Art, wie jemand alt wird, wie jemand die genetisch vorgegebene, die vererbte Zeit erleben kann?

Es ist dies die besondere Struktur des individuellen Gehirns, welches als Zentrum, als Schaltstelle und Computer der Maschine Mensch gelten muß, wenn man das Gotteswunder Mensch einmal so betrachten will.

Es herrschen hier besonders interessante Bedingungen, die sich von denen im übrigen Körper unterscheiden.

Jedes menschliche Hirn besitzt ungefähr 18 bis 20 Milliarden Zellen in der Hirnrinde. Jeder Säugling kommt bereits mit dieser immensen Zahl von Zellen auf die Welt, danach wird er allerdings nach bisherigem Wissensstand nie mehr auch nur eine einzige Hirnzelle neu bilden können. Mit diesen Milliarden von Zellen muß also jeder Mensch ein Leben lang auskommen. Die Hirnzellen sind daher die einzigen Zellen im Körper, die so alt sind wie der Mensch selbst. 18 bis 20 Milliarden sind eine immense Zahl, sicher genug Zellen, um bei jeweiliger Zellenunterschiedlichkeit auch die individuelle Einzigartigkeit für jeden einzelnen der Menschheit zu garantieren.

Dies ist ein Grund dafür, daß jeder Mensch in seiner Persönlichkeit bereits *genetisch einmalig* ist! (Es gibt aber noch einen zweiten, nicht genetischen, also nicht vererbten Grund dafür. Darüber später.) Die Hirnzellen sind zunächst klein, unentwickelt. Vom Säuglingsalter bis ungefähr zum achten Lebensjahr werden diese Zellen wachsen. Dann hat das Kind sein normales Hirngewicht von ca. 1360 bis 1400 Gramm erreicht. Danach gehen bereits täglich bis zum Lebensende einige tausend Hirnzellen durch normalen, erblich vorprogrammierten Zelltod verloren oder schrumpfen erheblich (nach Haug).

Rein theoretisch gesehen beginnt die Alterung des Menschen also bereits zu diesem Zeitpunkt. Beginn und Ende, Leben und Tod liegen also in einer Person nahe und früh nebeneinander, ohne daß man es ahnt. Schon die Römer hatten dafür ein Gespür, als sie sagten: *Nascentes morimur.* Kaum geboren, sterben wir.

Nur ein kleiner Teil der Hirnzellen des Säuglings ist sofort aktiv, der größte Teil der Hirnzellen steht zunächst in Ruhestellung, bereit einzuspringen, wenn es nötig ist. Nötig wird es in Kindheit und Jugend, wenn neue Aufgaben, etwa durch Lernen, übernommen werden müssen, oder im Alter bei Zelluntergang oder Schrumpfung. Diese inaktiven Zellen sind also Reservezellen; Milliarden von Reservezellen! Dies ist eine Besonderheit des Hirns.

Während alle anderen Körperzellen sich mehr oder weniger häufig durch Zellteilung in gewissen kürzeren Zyklen regenerieren, können sich Hirnzellen des Menschen nicht selbst regenerieren.

Wenn sie absterben, fällt die entsprechende Funktion entweder ganz aus oder wird von parallel geschalteten Zellen alleine weitergetragen; oder aber es treten neue Reservezellen hinzu, die eingeübt werden müssen.

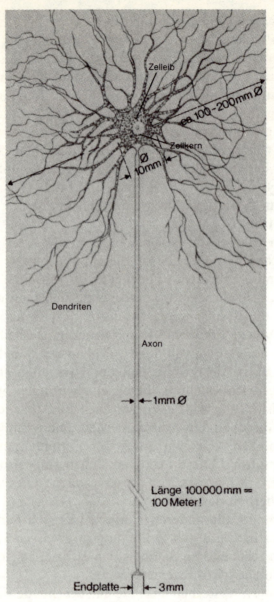

Abb. 1: Die Nervenzellen mit all ihren Ausläufern und Fortsätzen sind von ungewöhnlicher Gestalt, sie bilden einen dichten Filz. Das oben abgebildete Neuron ist etwa 100fach vergrößert.
© *Albert-Roussel Pharma GmbH, Wiesbaden · Die Abbildung entstammt dem Buch Hoyer/Weidner/Bräuer, Exempla Functionis Cerebri.*

Aus der Tatsache, daß die lebenden Hirnzellen den Menschen sein Leben lang begleiten, läßt sich im übrigen das Speichern von Erinnerungen, das Gedächtnis erklären und darüber hinaus das menschliche *Identitätsgefühl*. Würden Hirnzellen, wie die anderen Körperzellen, sich dauernd erneuern, wäre dieses Identitätsgefühl wohl nicht möglich. Wir würden bei jedem Zellwechsel anders denken und fühlen, gewissermaßen in uns selbst nicht zu Hause sein können.

Wie sieht eine Hirnzelle eigentlich aus?

Ihre Bausteine sind Eiweißmoleküle.
Sie bestehen, wie schon erwähnt, aus einem Zell-Leib mit einem Zell-Kern, in dem Gene sitzen. Diese bestehen aus Desoxyribonukleinsäure (DNS), einem Eiweißkörper besonderer Struktur, der wiederum aus einigen essentiellen (wesentlichen, unentbehrlichen) Aminosäuren (Eiweiß-Säuren) in vielfältiger Art individuell zusammengesetzt ist. Die DNS tritt immer in Form einer gegensinnig laufenden Doppelspirale auf.

Außerdem besitzt jede Zelle sogenannte Zellfortsätze. Letztere sind als Verbindungsstücke untereinander und zum Körper (Wirbelkanal) sehr wichtig. Jede Zelle hat zwei Arten von Fortsätzen: eine Anzahl von Fortsätzen, die zum Zell-Leib hinführen (Dendriten) und einen vom Zell-Leib weggehenden, ableitenden Fortsatz (Axon). Über die zuleitenden Fortsätze nimmt der Zellkörper Signale von vielen anderen Zellkörpern auf, der ableitende Fortsatz gibt dafür seinerseits Informationen an jeweils einen anderen Zellkörper ab. So stehen viele Zellen miteinander netzartig in Verbindung.

Die Arbeit der Hirnzellen läuft elektrochemisch und sehr kompliziert ab. Ich werde sie – soweit es notwendig ist – an entsprechender Stelle jeweils vereinfacht zu erklären versuchen.

Zunächst der *elektrische* Teil der Arbeit, der am längsten erforscht und am leichtesten überprüfbar ist: Es entstehen an den Membranen (Hüllen) der Zellfortsätze Änderungen des elektrischen Aktionspotentials und dadurch eine elektrische *Erregung*. Die Änderung des elektrischen Aktionspotentials wird mittels einer sogenannten Natrium- und Kalium-Pumpe (also mittels Elektrolytverschiebung) immer wieder hergestellt. Diese elektrische Erregung ist im EEG (Elektroencephalogramm) meßbar und läuft mit einer Leitungsgeschwindigkeit von circa 30 m in der Sekunde ab. Dies ist schneller als jeder Weltrekord der 100-m-Läufer; es muß auch schneller sein, da der Läufer nur das laufen kann, was ihm sein Hirn befiehlt, jedoch auf keinen Fall schneller, als die elektrische Befehlsausbreitung im Gehirn möglich ist. Die Erregungs-*Übertragung* von einer zur anderen Zelle findet an Schaltstellen, den sogenannten Synapsen (Spalten), statt.

Hier setzt der ankommende elektrische Strom, welcher eine Art Signal ist, nun einen *chemischen* Überträgerstoff frei, den sogenannten Transmitter. Dieser Transmitter wandert z. B. mit Hilfe von Calcium-, Kalium- und Natrium-Ionen (gewissermaßen huckepack) chemisch in den anderen Zellfortsatz über und wird dann dort wieder Aktionsströme elektrischer Art rückübertragen.

Je nach Art des Transmitters (z. B. Dopamin, Noradrenalin, Acetylcholin oder vieler anderer) wird der Erregungszustand der Erfolgszelle gefördert oder gehemmt werden.

Nach getaner Arbeit werden die Transmitter wieder zerlegt. Die Information geht immer nur von der präsynaptischen in die synaptische Richtung, nie umgekehrt. Durch diesen einseitigen Informationsfluß nur in Richtung des Axons erfolgt bereits eine Filtration der Informationen, wird eine gezielte Informationsverarbeitung und gezielte Informationsabrufung ermöglicht.

Konzentration der Gedanken ist darüber hinaus z. B. möglich durch hemmende Transmitter, die störende Informationen verhindern, die sonst eine Reizüberflutung brächten.

Die *Energie* für diese Hirnarbeit bekommt die Zelle aus der Verbrennung von Zucker. Der Verbrennungsrohstoff Zucker und das Verbrennungsmittel Sauerstoff werden auf dem Blutweg zum Hirn gebracht. Zucker ist chemisch Glucose, in diesem Fall sogenannter rechtsdrehender Zucker, nämlich Dextrose. Dextrose ist genausowichtig für den Hirnstoffwechsel wie der Sauerstoffgehalt des Blutes oder die Blutzufuhr. Zucker ist gewissermaßen das Benzin für den Motor Hirnzelle, das mit Hilfe von Sauerstoff verbrannt wird, um Energie, nämlich Hirnleistung zu bringen.

Diese hier nur stark vergröbert angedeuteten elektrochemischen Vorgänge sind sehr wichtig. Durch sie können wir unsere Muskeln bewegen, schlägt unser Herz, funktionieren Magen-Darm-Bereich und Drüsen, schlicht: der ganze Körper. Alles wird vom Gehirn gesteuert.

Man glaubt heute, daß auch unsere *seelischen* Vorgänge in ähnlicher Weise funktionieren.

Viele der *Denkstörungen* im Alter hängen von diesen Vorgängen ab. Sie sind entweder Eiweißmangel-Zustände (gewissermaßen Substanzmangel im Hirn durch den Verlust von Ribosomen) oder hängen von der Glucoseutilisation, der Zuckerverwertung, ab, aber auch von Transmitterstörungen (Überträgerstoffmangel) der Neurotransmitter Dopamin, Acetylcholin oder anderer. Sie hängen also nicht nur – wie lange gedacht wurde –

von »Durchblutungsstörungen« ab. Trotzdem ist die Durchblutung und dadurch der Zustand der einzelnen Gefäße genausowichtig. Zur Durchblutung gehören im erweiterten Sinn: die Kaliberweite der Gefäße und die Bestandteile des Gefäßinhalts, nämlich Sauerstoffgehalt, Glucosegehalt etc., die Beschaffenheit des Blutes (Viskosität) und die der verschiedenen Blutzellen, der Partialdruck von Sauerstoff und Kohlendioxyd sowie der Gasaustausch in den Lungen. Die Zellpermeabilität, die Durchlässigkeit der Gefäß- und Zellwände für aufzunehmende oder abzugebende Stoffe, spielt dabei ebenso eine große Rolle. Indirekt wird diese Permeabilität vom Druck in den arteriellen Gefäßen beeinflußt, letztendlich über diesen Gefäßdruck auch von der Herzkraft. Wir sprechen also allgemein von »Durchblutungsstörungen im Gehirn« und meinen dabei einen sehr komplexen und differenzierten Vorgang, der fast immer von verschiedenen, sich auch wechselseitig beeinflussenden Faktoren gesteuert wird und sehr schwer diagnostizierbar oder gar therapierbar ist.

Ich habe bereits erklärt, daß die Nervenfortsätze der Zellen zahlreiche Verästelungen bilden; besonders die vielen zu den Zellkörpern hinführenden Fortsätze (Dendriten) bilden ein großes Netz in der Hirnrinde, in das auch Teile der ableitenden Fortsätze (Axone) einstrahlen können. Dieses Netz wird auch *Nervenfilz* genannt.

Nun aber das Wichtigste für unsere Denkprozesse: Diese *Verästelungen* sind nur in geringem Umfang bereits bei der Geburt gegeben, sie müssen erst später individuell von jedem einzelnen Menschen ausgebildet werden! Dies ist die zweite Säule der *geistigen Individualität*. Sie ist nicht vererbt, sie ist erarbeitet. Bild 2 macht es deutlicher.

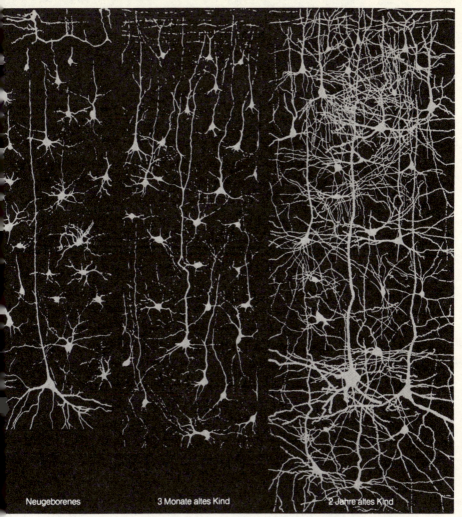

Abb. 2: Nervenzellen des Zentralnervensystems können sich im Gegensatz zu anderen Zellen des Körpers nicht teilen und damit auch nicht vermehren. Daraus folgt, daß etwa zum Zeitpunkt der Geburt oder kurz danach das Gehirn nahezu alle Neuronen besitzt, mit denen es ein Leben lang auskommen muß. Im weiteren Verlauf der Hirnentwicklung geht es jedoch entscheidend darum, zahlreiche Verbindungen zwischen den Neuronen herzustellen. Die oben abgebildete Übersicht zeigt grobschematisch etwa drei gleich große Gebiete der Großhirnrinde des Neugeborenen sowie von Kindern im Alter von 3 Monaten und 2 Jahren. In allen drei Bildern liegt die Zahl der Nervenzellen zwischen 20 und 30. Stark unterscheiden sie sich aber im Ausmaß und in der Stärke der Verästelungen. Damit nimmt auch die Zahl der Kontakte zwischen den Zellen bedeutsam zu.
© Albert-Roussel Pharma GmbH, Wiesbaden · Die Abbildung entstammt dem Buch Hoyer/Weidner/Bräuer, Exempla Functionis Cerebri.

Eine weitere Ausbildung von Verästelungen kann nämlich nicht von selbst, sondern nur durch Arbeit geschehen. Jeder Handwerker weiß, daß seine Kraft in den Armen von der Arbeit mit den Armen kommt und geht. Kaum ein Mensch weiß, daß die Kraft seines Gehirns auch von der Arbeit mit dem Gehirn abhängig ist. Arbeit des Gehirns heißt *geistige Arbeit*. Geistige Arbeit bedeutet, möglichst viele und vielseitige Informationen auf möglichst vielen Wegen aufnehmen, assoziieren, nämlich vergleichen und überdenken, dann speichern. *Denken* und *Lernen* fördert daher insbesondere in Kindheit und Jugend, aber auch lebenslang, die Hirnstruktur und erhält sie im Alter – nichts anderes!

Je dichter dieses Nervennetz, der Nervenfilz, dadurch gebildet wird, um so größer sind die Möglichkeiten gedanklicher Verknüpfung, gedanklicher Assoziationen und dann auch der Speicherungen.

Dies sind einige physiologische Hintergründe menschlichen Denkvermögens und Wissens. Im Gegensatz zur Ausbildung und Differenzierung von Zellfortsätzen werden unbenutzte Zellfortsätze allmählich rückgebildet und gehen dem Zellnetz verloren, und zwar unwiederbringlich. Es heißt im Volksmund: Wer rastet, rostet. *Wer geistig rastet, rostet wirklich.* Er rostet sogar so sehr, daß er unweigerlich die Werkzeuge zum gedanklichen Assoziieren, nämlich die Zellfortsätze, einbüßt! Es ist physiologisch absolut erwiesen, daß Organe durch ihre Funktion, also ihre Tätigkeit verändert werden. Die Struktur der Organe folgt ihrer Funktion. Ungeübte Organe haben einfach weniger Stoffwechsel und brauchen daher weniger Durchblutung. Der Nährstofftransport zu diesen Organen wird verringert. Sie verkümmern. Jedes Bein wird dünner, wenn es gelähmt ist, jeder gebrochene Arm kommt schwächer und dünner aus dem Gipsverband hervor. So verhält sich auch das Gehirn. Es verkümmert ohne geistige Arbeit. Ein einwöchiger Aufenthalt im Krankenhaus ohne geistige Anregung im Wartestand auf die Gesundheit bringt bereits einen meßbaren Abfall des Intelligenzquotienten!

Das gilt auch für den unvorbereiteten Eintritt in den Rentenstand, ohne geistige Interessen außerhalb des Berufs. Er kann zum geistigen Bankrott führen!

Außer dem wichtigen Aspekt der Persönlichkeitspflege hat das Lernen und Denken im Alter aber auch noch einen anderen gesundheitlich-körperlichen Aspekt. Der denkende Mensch hat einen erhöhten Hirnstoffwechsel, der in den jeweils beanspruchten Hirnarealen am größten ist. Der Glucoseverbrauch, der dabei eintritt, wirkt aber indirekt regulativ auf die Weite der Hirngefäße ein; diese erweitern sich um so stärker, je mehr Glucose verbraucht wird. Damit wird dann insgesamt mehr glucose- und sauerstoffhaltiges Blut zum Hirn transportiert und außer dem gerade tätigen auch anderen Hirnarealen, die nahe dabei liegen, zur Verfügung gestellt, ebenso den Steuerungszentren für andere, nämlich körperliche Funktionen. Auch diese bleiben dadurch aktiver.

Dieses über die geistige Arbeit Gesagte ist für die vom Willen betätigte Muskulatur bereits bekannt. Jeder weiß, daß vermehrte Betätigung derselben, beim Sport beispielsweise, den Stoffwechselumsatz erhöht, der Mensch fühlt sich meist auch geistig frischer. Diese Einsicht ist heute bereits ins Volksbewußtsein (oder -unterbewußtsein) eingegangen. Der Lateiner sagt: *»Mens sana in corpore sano.«* Ein gesunder Geist lebt in einem gesunden Körper. So sucht fast jeder geistig Tätige körperlichen Ausgleich, um wieder frischer weiterdenken zu können. Viele Jogger sind ein lebendiges Beispiel dafür. Nun: Lernen ist Hirn-Jogging. Beides ergänzt sich. Der körperliche Jogger fördert die Frische der Gedanken, der »Hirn-Jogger« fördert auch seine Körperfunktionen am Schreibtisch.

Der Faulpelz auf dem Sofa fördert nichts.

Wie das körperliche Jogging als Ertüchtigung gegen körperliches Altern in das Volksbewußtsein eingegangen ist, so sollte Lernen als Persönlichkeitsertüchtigung gegen geistiges Altern ebenso in das Volksbewußtsein eingehen.
Eigenständiges Üben der Hirnfunktion ist demnach die wichtigste Therapie gegen geistiges und körperliches Altern, die tatsächlich möglich ist und dazu selbst machbar.
Das ist die Kunst des Alterns. Wie jede Kunst sollte man sie frühzeitig in jungen Jahren beginnen und muß sie ein Leben lang üben, sonst kann man keine Perfektion erreichen, den wachen Geist nämlich, also die erhaltene Persönlichkeit im Alter.

Der Denkvorgang – Aufgaben und Funktionsweisen des Gehirns

Physiologen und Neurochemiker haben uns mittlerweile einige, wenn auch noch sehr unvollständige Kenntnisse über das Funktionieren des Gehirns als Gedächtnis-Computer vermittelt. Das Gedächtnis beginnt mit der Aufnahme der Information in unseren Körper, auf dem Weg des Sehens und Hörens oder auch des Fühlens, Riechens, Schmeckens, also der Sinnesorgane. Auch das Erkennen eines Geruchs, eines Geschmacks ist ein Lernprozeß und gehört deswegen hierher. Im allgemeinen handelt es sich aber um die Aufnahme von Informationen durch die Augen oder das Gehör oder am besten durch beide zusammen.

Die Information des Gehörten und Gesehenen wird zunächst von den Eingangsorganen Augen und Ohren an die ihnen entsprechenden Seh- und Gehörzentren im Großhirn weitergegeben, wo als erstes das Erkennen des Gehörten und Gesehenen erfolgt. Dann wird diese Erkenntnis code-artig zur Speicherung an die Zellen der Großhirnrinde weitergegeben.

Wir kennen heute drei Formen des Gedächtnisses: das Ultrakurzzeit-, das Kurzzeit- und das Langzeitgedächtnis.

Zunächst zum *Ultrakurzzeitgedächtnis (UKG):* Die Informationen gelangen auf zuleitenden Nerven-Fasern zunächst in verschiedene Neurone (Zellkörper), die zu einer Art Ringschaltung vereinigt sind. Dort kreisen die Informationen *code-artig* ca. 20 Sekunden auf *elektrische* Weise; sie brauchen dabei keine Eiweißkörper oder Aminosäuren, sondern lediglich Elektrolyte, also Elemente wie Natrium, Kalium, Kalzium, Magnesium, und zwar besonders die sogenannte Na-K-Pumpe, die bis ins höchste Alter zumeist völlig intakt ist. Auf diese Weise verstehen wir Sätze und Melodien und können sie wiederholen, wenn sie nicht länger als 20 Sekunden sind.

So entsteht ein Ultra-Kurzzeitgedächtnis von ca. 20 Sekunden Dauer. Es ist ein rein elektrisches Gedächtnis, das unter anderem wichtige Filtrieraufgaben hat, nämlich zu bestimmen, was es an das Kurzzeitgedächtnis weitergibt. Man muß sich dazu konzentrieren, assoziieren und bewußt oder unbewußt auswählen. Dieses Ultrakurzzeitgedächtnis fällt dann entweder völlig zusammen oder geht durch Assoziation oder durch Wiederholung in das Kurzzeitgedächtnis über. Wichtig ist, es innerhalb der 20 Sekunden nicht zu überfüttern.

Für das *Kurzzeitgedächtnis (KG)* wird bereits ein weiterer Schritt zur Integrierung des Aufgenommenen in den Körper getan. Innerhalb des Neurons (des Zell-Leibs) muß das *elektrische* Impulsmuster in bereits *stoffliche* Gedächtnismuster umgesetzt werden.

Die erhaltene Information ändert in einem Bluteiweißkörper (der Ribonukleinsäure RNS) den Anteil der Eiweißketten (der Nukleotide) nach den Gesetzen der Kombinatorik.

Wie kann man sich dies vorstellen? Wir nehmen an, daß die Doppelspirale der DNS den Code elektrisch erhalten hat und sich nun reißverschlußartig aufspaltet. Die RNS-Bausteine legen sich der Öffnung an und übernehmen gewissermaßen von der Matrize der DNS die Information zur Bildung einer entsprechenden RNS. Der Vorgang heißt Transkription und erstreckt sich über 20 Minuten. Damit ist das Gedächtnis bereits stofflich geworden, wenn auch noch sehr labil. Das Kurzzeitgedächtnis ist ein reines Ribonukleinsäure-Gedächtnis. Es hält etwa 20 Minuten an, dann kommt ein zerstörendes Enzym (ebenfalls ein Eiweißkörper) und verdaut das vorher Aufgebaute.

Die ganze Arbeit war vergeblich, ist vergessen! Vergessen ist, wohin wir die Brille legten, was wir mit einer Bekannten so nebenbei sprachen, während wir an etwas ganz anderes dachten.

Die Zelle ist aber frei für neue Informationen, der Kopf ist wieder klar für andere Gedanken.

Es gibt Gott sei Dank aber das *Langzeitgedächtnis (LG)!*

Die durch Codierung geprägte Ribonukleinsäure wird in Ribosomen (gewissermaßen Eiweißfabriken), die im Zell-Leib liegen, an Aminosäuren (Eiweiß-Säuren) festgeheftet. Diese Aminosäuren werden zu diesem Zweck mit Hilfe von Transfer-Ribonukleinsäuren (Transportlaster) aus der Zellhülle (gewissermaßen der Eiweiß-Vorratskammer) in die Ribosome, die Fabriken, geschafft. Es werden dann laut Code der Ribonukleinsäuren aus den Aminosäuren Eiweißketten unterschiedlicher Länge und Folge gebildet.

Ein menschliches Neuron soll so innerhalb von 0,1 Sekunden 20 Aminosäuren aneinanderhängen können. Die Sequenz, die Folge dieser Aminosäuren, entspricht dem Code des bioelektrischen Impulsmusters, das ursprünglich die Sinnesorgane gegeben haben, und welches nun nicht mehr eine enzymatisch verdaubare Ribonukleinsäure, sondern ein wesentlich stabilerer Eiweißkörper ist. Die jetzt nicht mehr benötigte RNS geht unter.

Vier bis fünf solcher Eiweiß-Fabriken »Ribosom« bilden ein Polysom. Als Vehikel brauchen die Polysome Adenosintriphosphat ATP, welches die Aminosäuren zum Gedächtnisaufbau in die Fabrik schleust. ATP ist von großer Bedeutung für das Gedächtnis, besonders verhängnisvoll sein Fehlen.

Polysome nehmen im Alter ab. Also nimmt im Alter auch die Fähigkeit ab, Kurzzeit-Ribonukleinsäuren in Langzeiteiweißkörper umzuformen und dann als Körperbestand zu behalten. Es ist eine alte Erkenntnis, daß in der Jugend Gelerntes bis ins hohe Alter haftet, im Alter Gelerntes aber leichter vergessen wird.

Es hängt damit zusammen, daß sogenannte Eiweißfabriken (Polysome) im Alter untergehen. In der Jugend Gelerntes haftet an vielen Polysomen gleichzeitig, vielleicht weil es lebenslang wiederholt wurde. Da können getrost einige Zellen untergehen; andere Zellen springen dafür ein, die Information bleibt erhalten. Im Alter Gelerntes hat nur wenige Polysome zur Verfügung, gehen sie unter, geht die ganze Information verloren, es sei denn, sie wird immer wieder aufgefrischt.

Dies sind einige stark verkürzt dargestellte Hinweise auf eines der interessantesten Phänomene der Natur. Auf diese Weise wird ein *Gedanke,* eine von außen kommende *Information,* zu *organischem Stoff,* zur Körpersubstanz. So wird Aufgenommenes, ein gehörter Satz, ein Bild, zum unverrückbaren Bestandteil des Aufnehmenden und *Bauteil* seines Körpers! Ja, durch Vererbung vielleicht allmählich sogar zu unbewußtem, dem Bewußtsein fernen Grundwissen anderer Generationen.

So entsteht weitere Individualität. Auf diese Weise wird jeder genetisch bereits einmalige Mensch im Laufe seines Lebens immer einmaliger durch seine individuellen geistigen Erkenntnismöglichkeiten und Speicherungen. So kommt es, daß das Alter an sich die Zeit der höchsten *geistigen Individualität* ist. Wir müssen durch Aktivität verhindern, daß daraus für viele eine Zeit des Vertrottelns wird.

Der junge Mensch denkt expansiv, in die Breite, kann Neues dazuerwerben, sich neue Gedankenbahnen erschließen. Dies kann der Greis kaum, er hat seine Reservezellen ja wahrscheinlich längst verbraucht. Er denkt dafür gewissermaßen in die Tiefe, philosophisch, indem er in der Jugend erworbenes Wissen immer wieder bunt und neu verknüpft.

Schopenhauer hat einmal gesagt: »*Man kann das Leben mit einem gestickten Stoff vergleichen, von welchem jeder Mensch in der ersten Hälfte seines Lebens die vordere, in der zweiten Hälfte aber die Kehrseite des Stoffes zu sehen bekommt. Diese Kehrseite ist nicht so schön, aber lehrreicher, weil sie den Zusammenhang der Fäden erkennen läßt.*«

Was kann man sich aber Schöneres und Wichtigeres vom Leben erwarten, als Zusammenhänge zu erkennen! Dazu braucht man ein funktionierendes Gehirn.

Alterskrankheiten des Gehirns – einige Hinweise

Jeder Mensch kennt zahlreiche Hirnstörungen, entweder durch eigene Erfahrung oder solche im Verwandten- oder Freundeskreis. Dazu zählen Schwindel, Gleichgewichtsstörungen, Leeregefühle, Konzentrationsmangel, Gedächtnisstörungen verschiedener Art, Lähmungen, diverse Sprachstörungen, ja Störungen der Orientierung bezüglich der Uhrzeit oder gar der Umgebung, oder der Mensch weiß gar nicht mehr, wer er eigentlich ist oder erkennt einen nahen Angehörigen nicht.

Manche dieser Störungen hält der Laie für ›normal‹ – eben einfach altersbedingt –, obwohl sie es keineswegs sind, andere hält er für krankhaft, nämlich durchblutungsbedingt, eben ›sklerotisch‹. Sklerotisch zu sein bedeutet, abqualifiziert zu sein, fast in der untersten Ekke der menschlichen Wertskala zu stehen. – Ein schon sklerotisch veränderter Mensch wird oft belächelt, sogar gemieden, als sei er ansteckend, was sicher nicht stimmt. Am ehesten wird er oft von denen gemieden, die in sich selbst Tendenzen in der gleichen Richtung erkennen.

Im übrigen sind kaum Krankheitsbegriffe der Mediziner so in den Volksmund eingegangen wie die der Erkältung und die der Sklerose. Für beide Begriffe hält sich der Durchschnittsmensch daher auch bereits für kompetent und tut dann das dagegen, was er selbst tun kann, nämlich in manchen Fällen nichts oder Untaugliches. Er vertraut der Reklame in den Medien, ohne zu wissen, daß diese Veröffentlichungen oftmals durch die Wissenschaft nicht gestützt sind. Jedermann darf seine Meinung solange öffentlich und frei vertreten, als er selbst von ihr überzeugt ist, die wissenschaftliche Lehre seinerseits nicht angreift und eine Veröffentlichungsmöglichkeit findet. Dies kann besonders auf dem Gebiet der Sklerose verheerende Folgen haben, denn die Sklerose ist einerseits eine Volksbedrohung, gegen die man andererseits bereits einiges tun kann, was wissenschaftliche Forschung für gut befunden hat.

Was ist *Sklerose* eigentlich? Sklerose ist für den Mediziner gleichbedeutend mit Gefäß-Sklerose, das ist eine Verengung von Gefäßabschnitten, hervorgerufen durch sogenannte sklerotische Platten (Plaques oder Atherome). Hinter den plattenartigen Verengungen, also jenseits der Gefäßverengung, liegt aber ein Versorgungsbereich. Hier kommt es zu mangelnder Blutversorgung mit Ernährungsstörungen des betroffenen Gewebes. Das kann zum Beispiel Herzinfarkt, Schlaganfall oder die sogenannte Schaufensterkrankheit der Beine bedeuten.

Einige der Hirnerkrankungen können so durch Sklerose der zum Gehirn führenden Arterien entstehen, und zwar der Arterien, die noch außerhalb am Hals oder schon innerhalb des Gehirns liegen. Die dadurch entstehenden Verengungen verursachen je nach ihrer Lage Krankheiten, so etwa Sehstörungen, Ohrgeräusche, Höreinschränkungen, Schwindelgefühle und Gleichgewichtsstörungen, schließlich Halbseitenlähmungen, Gesichts- und Augenmuskellähmungen, eventuell auch Blasen- und Mastdarmlähmungen. Folgende Lähmungen können zunächst flüchtig auftreten: Schweregefühl in einem Bein, in einem Arm; die linke Hand will nicht fassen, die Tasse fällt herunter; der Arm, der die Morgenzeitung hält, sinkt herab; der rechte Fuß hängt am Bordstein; ein Augenlid fällt herab; man hat ein flüchtiges Doppelbild beim Fernsehen; der Kaffee fließt morgens aus einem Mundwinkel; und vieles mehr.

Es ist wichtig, auf solche flüchtigen Symptome zu achten. Je flüchtiger sie sind, um so größere Chancen hat der Mensch, durch rechtzeitige Behandlung auf Dauer ohne Lähmung davonzukommen. Als flüchtig bezeichnen wir ein Anhalten der Beschwerden von Sekunden bis zu einem Tag.

Kommt es aber zu Beschwerden, die bis zu einer Woche anhalten, ist die Prognose bereits etwas schlechter.

Als drittes steht dann der Hirninfarkt, der den vorausgegangenen Störungen schleichend folgen kann oder auch sofort komplett entsteht. Es ist dies der ›Schlaganfall‹ oder die Apoplexie, allen bekannt, von allen gefürchtet wegen der häufig bleibenden Halbseitenlähmungen und der damit verbundenen Hilflosigkeit – die Geisel des Alters im 20. und wahrscheinlich auch noch im 21. Jahrhundert.

Was kann man dagegen tun? Man muß sofort zum Arzt gehen! Flüchtige Störungen können nämlich z. B. durch eine langzeitige Blutverdünnung angegangen werden, damit die Verengung der Gefäße besser passierbar wird. Es sind eine Reihe von solchen blutverdünnenden Präparaten im Handel. Eine durch Gefäßsklerose entstandene Gefäßverengung des Gehirns kann heute auch chirurgisch auf verschiedene Weise angegangen werden, sei es durch Dilatation (Gefäßerweiterung) oder durch Gefäßoperation. Dies ist ein nicht mehr ganz selten beschrittener, sehr erfolgversprechender Weg. Voraussetzung für den Eingriff ist allerdings der

Zugang der Hand des Chirurgen zur Gefäßverengung. Bereits bestehende Lähmungen können im allgemeinen nicht mehr operativ beseitigt werden. Ist eine Lähmung erst einmal vorhanden und regeneriert sie sich auch durch Infusionsbehandlung etc. im Krankenhaus nicht, so sind weitere therapeutische Möglichkeiten schlechter, der Therapieerfolg zumindest fraglich. Rechtzeitige Behandlung, *vor* der vollständigen Lähmung, ist das A und O.

Es werden heute zahl- und segensreiche durchblutungsfördernde Medikamente angeboten, die ich nicht namentlich aufrufen möchte, die aber in sehr vielen Fällen helfen können, auch bei den Durchblutungsstörungen an Augen und Ohren. Fragen Sie Ihren Arzt und nicht die Reklame. Manche Präparate bewirken, werden sie zu spät eingenommen, bei manchen Menschen jedoch leider wenig, eventuell sogar Verschlechterungen, nämlich immer dann, wenn sich nur noch gesunde Gefäßabschnitte erweitern können. Die bereits stark sklerotisch verengten bleiben starr, deren Versorgungsgebiet wird eventuell sogar schlechter durchblutet, weil Blut in die stärker erweiterten gesunden Körperpartien abwandert. Solche Problematik abzuwägen gehört zu den vielseitigen Problemen moderner Medizin. Die Sklerose als Ursache dieser Durchblutungsstörungen ist allerdings vermeidbar, indem man deren *Risikofaktoren* für sich rechtzeitig erkennt und abbaut bzw. gar nicht erst auftreten läßt.

Erkennung und Abwendung von Risikofaktoren, die zu Krankheit führen können, das ist die Domäne medizinischer Vorsorge, der *Prophylaxe,* sogenannter medizinischer Vorkrankheitsabwendung. Jahrhundertelang hat die Medizin auf diesem Sektor die Sünde der Untätigkeit begangen, lange haben Krankenkassen nicht für Vorsorgeuntersuchungen bezahlt.

Ich nenne die Risikofaktoren, die zu Sklerose führen können, in der Reihenfolge ihrer Gefährlichkeit:

1. Bluthochdruck

2. Tabakrauch

3. Fettstoffwechselstörungen

4. Körperliche Inaktivität

5. Zuckerkrankheit – Gicht – Fettsucht

6. Streß

7. Geschlechtsdisposition (Männer sind benachteiligt)

8. Genetische Faktoren (familiengehäuftes Auftreten)

Alle diese Faktoren bedingen sich gelegentlich auch untereinander: Der Übergewichtige bekommt eben mit der Zeit seinen Bluthochdruck, seinen Diabetes, seine Gicht und seine Fettstoffwechselstörungen. Mit Ausnahme der Geschlechtsdisposition und der genetischen Faktoren, die beide unveränderbar sind, ist all dies ärztlich zu behandeln; darauf möchte ich hier nicht eingehen, da es in den Bereich der Krankheiten gehört, den ich aussparen möchte. Hier nur etwas zum Tabakrauch. Er enthält Nikotin und Teerstoffe. Ihnen ist auch der Passivraucher ausgesetzt. Es ist medizinisch eindeutig nachweisbar, daß Nikotin ein allgemeines Gefäßgift ist, welches zu schweren Gefäßverengungen an allen Gefäßabschnitten führen kann, so z. B. am Herz und an den Beinen, hier als Angina pectoris, dort als Raucherbein oder Schaufensterkrankheit bekannt. Nicht jeder ist mit seinen Gefäßen gleich stark dafür prädisponiert, die Länge und Stärke der Raucherkarriere spielen sicher eine Rolle. Irgendwann wird aber jeder Raucher von den Folgen des Nikotins auf die Gefäße oder des Teers auf die Lunge betroffen. Also: Weg mit der Zigarette! Absolutes Rauchverbot!

Auch Alkohol ist ein Hirngift; als solches wird er ja genossen! Wird er in geringer Menge getrunken, fallen hemmende Regulationszentren aus; gewisse Hemmungen werden dadurch also (meist angenehmerweise) abgebaut. Im weiteren Verlauf jedoch, nach weiterem Alkoholgenuß, fallen noch andere Zentren aus, sonst würde man nicht lallen, torkeln und ›betrunken‹ werden. Dies ist zunächst reversibel, am nächsten Morgen funktioniert man wieder normal.

Nach längerer Zeit übermäßigen Alkoholkonsums werden Hirnzellen jedoch bleibend geschädigt. Es kommt bei chronischen Alkoholikern zu den bekannten Wesensveränderungen, die auch mit deutlichen Denkstörungen einhergehen. So sind etwa wahnhafte Eifersuchtsvorstellungen bei Alkoholikern besonders häufig anzutreffen. Es ist oftmals nicht die Leber, die den größten Schaden davonträgt!

Viel häufiger als die sklerosebedingten Störungen des Gehirns treten aber andere Beeinträchtigungen auf, die wir heute in Anlehnung an das internationale Schrifttum zunehmend als *degenerative* Hirnerkrankungen bezeichnen. Wir nennen sie auch *Dementia* und verstehen darunter im erweiterten Sinn alle Denk- und Persönlichkeitsstörungen, die möglich sind, also auch die leichtesten. Man unterscheidet heute vor allem zwei Formen der Dementia, die Demenz vom Alzheimer-

Typ, DAT genannt, von der Multinfarkt-Demenz, auch Demenz von vaskulärem Typ, DVT genannt.

Die DAT ist gekennzeichnet durch Hirnschwund (im Computertomogramm sichtbar). Zunächst liegt nur ein Glucosedefizit vor und damit ein Energiemangel, welchen das Gehirn durch den Abbau von hirneigener Eiweißsubstanz auszugleichen versucht. Soweit wir bisher wissen, ist unter anderem besonders der Acetylcholintransmitter-Stoffwechsel gestört. Der Beginn der Erkrankung ist schleichend, zumeist allmählich progredient, also sich steigernd. Es werden hauptsächlich Kurzzeitdenkprozesse gestört: sich konzentrieren, etwas aufnehmen und assoziieren, sich etwas merken. Das Ultrakurzzeit- und das Langzeitgedächtnis können völlig ungestört sein. Nur die Brille, die man noch vor 10 Minuten in der Hand hatte, wird verzweifelt gesucht, zum Einkaufen braucht die Hausfrau einen Zettel, weil sie sonst das Brot vergißt. Man kann sich des Namens eines sympathischen Menschen nicht erinnern, den man neulich – wo denn? – kennenlernte. Beim Namensgedächtnis spielen Sym- und Antipathie tiefenpsychologisch eine Rolle. Raucher sollen übrigens das schlechteste haben.

Manche Menschen wiederum können all dies behalten, aber alte Erinnerungen, altes Wissen schlecht abrufen. Sie erinnern sich entweder gar nicht oder nur, wenn sie von anderen darauf aufmerksam gemacht werden.

Ich enttäusche vielleicht, will aber aufrütteln: Das alles ist kein normales Altern!

Degenerative Hirnerkrankungen sind so häufig, daß sie in ihrer leichtesten Form bereits als völlig normal angesehen werden. Leider! Es wäre besser, sie sofort als krankhaft anzusehen und etwas dagegen zu tun. Wehret den Anfängen! Bei der DVT sieht man im Computertomogramm viele kleine Hirninfarkte, die nichts mit Gefäßsklerose der großen Gefäße zu tun haben, sondern Mikrozirkulationsstörungen sind, von zumeist unbestimmter Ursache. Die DVT beginnt eher schlagartig und kann im Verlauf kommen und gehen. Im Vordergrund der DVT stehen Gemütsveränderungen mit Initiative-Armut, Affekt-Labilität, Verhaltensstörungen im ethischen Bereich und Schwächen bei normalen Gedächtnisleistungen. Der vorher aktive Handelsvertreter klagt über unverständliche und grundlose Müdigkeit: Er kann sich nicht aufraffen, die Geburtstagspost zu erledigen, hat während der Rede seines Sohnes, die dieser dem Jubilar zu Ehren hielt, vor Rührung geweint und später der Bedienung in den Po gekniffen. Es kommt auch zu unverständlichen Aggressionen, es werden sinnlose Streitereien vom Zaun gebrochen. Viele andere, oft läppische Verhaltensformen treten auf, die wir als persönlichkeitsfremd empfinden und nicht nachvollziehen können, da sie ja auch nicht reaktiv, sondern grundlos, eben krankhaft auftreten. Hier wäre Psychotherapie zum Beispiel nicht angebracht, ja sinnlos. Zu Beginn der DAT ist die Zuckerverwertung, die Glucoseutilisation im Hirn herabgesetzt, bei der DVT ist die Zuckerverwertung dagegen sogar gesteigert. Bei beiden Erkrankungen ist die Durchblutung anfänglich normal, später jedoch auch herabgesetzt. Es vermischen sich die Symptome der DAT und DVT. Differentialdiagnostisch bestehen viele Schwierigkeiten bezüglich der Abgrenzung der einzelnen degenerativen Erkrankungen untereinander und betreffs der Abgrenzung gegenüber rein sklerotischen Erkrankungen; insbesondere deswegen, weil ein Mensch gleichzeitig an allen drei Krankheitsgruppen leiden kann und viele Mischformen auftreten. Es sind unter anderem psychologische Testbögen hilfreich (sogenannte Ichemic Psychometric Scores), die sich aber noch im Stadium der weiteren Ausarbeitung befinden und noch nicht in die Praxis vorgedrungen sind. Wir stehen mit der Wissenschaft noch am Anfang und haben es schwer, da wir ja keine Probemenschen zum Zerlegen und Wiederaufbauen haben und Tiere oft anders funktionieren, ja für Gedächtnisleistungen nur begrenzt verwertbare Informationen geben können.

Die degenerativen Hirnerkrankungen sind teilweise rückbildungsfähig, sie können daher medikamentös behandelt werden. Gewisse Erwartungen an die Therapie sind deshalb möglich. Vieles ist noch im Fluß. Die Forschung schläft nicht!

Bezüglich der medikamentösen Behandlung stehen zur Zeit jene Präparate im Vordergrund, die die Glucose-Utilisationsstörung verbessern, und solche, die die Fließeigenschaften des Blutes (auch zusätzlich) erhöhen. Es sollte ferner, soweit möglich, an Transmittergabe gedacht werden, z. B. Lecithin, Cholin und Serotonin. Es kommen ferner Präparate in Betracht, die die Zellatmung anregen, wie die aus Kälberhydrolysaten etc. Auch Kalziumantagonisten sollen erwähnt werden. Ich will generell keine Präparate nennen, das ist Aufgabe des behandelnden Arztes in der Sprechstunde. Und manches wird noch segensreich aus den Schubladen der Forscher auf uns zukommen.

Die Wirksamkeit einer speziellen *medikamentösen Vorsorge* gegen diese Krankheiten des Gehirns ist zur Zeit noch nicht eindeutig erwiesen, manches deutet auf Kalziumantagonisten hin. Vorsorge kann heute nur im Allgemeinen liegen, in der lebenslangen *Persönlichkeits-Hygiene,* so möchte ich es einmal nennen. Darunter verstehe ich das aktive Trainieren des Gehirns als *Geistes-Hygiene* und eine gesunde Lebensführung als Teil der *körperlichen Hygiene* sowie seelische Entspannung als *psychische Hygiene.*

Es wäre wünschenswert, wenn diese Persönlichkeitshygiene bereits in den Schulen intensiv gelehrt würde, damit junge Menschen nicht immer wieder falschen Götzen, nämlich falschen Leitbildern anheimfallen, die sie ihr wichtigstes Gut, das ihres einmaligen Lebens, ahnungslos belasten lassen.

Mit umfassender Persönlichkeitshygiene sind wir nämlich besser als bekannt ist in der Lage, unser Schicksal eigenverantwortlich zum Positiven zu beeinflussen. Wir müssen es in diesem Sinne in die Hand nehmen und nachdenklicher, nämlich *unserer selbst bewußter* leben.

II. Praktischer Teil

Gesunde Lebensführung

Fast jeder Mensch meint zu wissen, was gesunde Lebensführung bedeutet, nämlich: Nicht rauchen, mäßig Alkohol trinken, nicht zu fett essen, früh ins Bett gehen, ausschlafen und vor allen Dingen Streß meiden! Neuerdings bekommt das Ganze noch einen »grünen Anstrich« durch den Ratschlag, nur umweltfreundliche, schadstofffreie, am besten organisch gedüngte Speisen zu essen. Ja – und vergessen wir nicht die Eier von glücklichen Hühnern!
Was aber gehört wirklich zu einer gesunden Lebensführung? Sehr vieles. Im Grunde ist gesunde Lebensführung ein allgemeiner, sehr umfassender Begriff, der in alle Bereiche des Lebens eingreift. Vor allem gehört dazu, krankheitsauslösende Faktoren zu meiden. Denn Krankheiten unterbrechen den gesunden Alterungsprozeß, ihre Folgen müssen mehr oder weniger bewußt als Steine im Rucksack auf dem Lebensweg mitgeführt werden. Ihr Gewicht macht die Wanderung beschwerlicher; sie sind es auch, die zu pathologischem (krankhaftem) Altern führen, welches wir ja vermeiden wollen.

Zu einer gesunden Lebensführung gehört daher auch dies:

1. Hygiene, durch Sauberkeit des Körpers, der Kleidung, der Umgebung und der Nahrung. Dazu mag

auch gehören, daß man z. B. in Grippezeiten nicht jedem die Hand oder gar Küßchen gibt, daß man in Zügen Handschuhe trägt, öffentliche Toiletten und Menschenansammlungen meidet etc.
2. Sexualhygiene, also keine Promiskuität und Libertinage, zumindest nicht ohne besonderen Schutz (Kondom), sondern Treue zum Partner – das ist die Devise! So kann schnelle körperliche Liebe heute durch AIDS lebensgefährlich werden – insbesondere, da der Partner erst nach 8 Jahren erkranken, aber sofort anstecken kann. Erst circa 8 Monate nach Infektion kann diese als solche im Blut nachgewiesen werden.
3. Wahrnehmung aller Impfungsmöglichkeiten, um die Abwehrkraft gegen Krankheiten in der Kindheit und in späteren Jahren zu steigern, ihren Ausbruch gar zu verhindern. Fragen Sie Ihren Arzt.
4. Regelmäßige Vorsorgeuntersuchungen beim Arzt, soweit sie bisher angeboten werden können, um Krebs und andere Erkrankungen frühzeitig zu erkennen. Jede Frau sollte außerdem ihre eigene Brust regelmäßig selbst kontrollieren, jeder Mann seinen Hoden.
5. Vorsicht vor Unfällen – z. B. bei der Hausarbeit, auf der Straße, im Garten, beim Sport oder bei der Arbeit!
6. Vorsicht bei Reisen, besonders bei Fahrten in andere Kontinente, also in andere Klimazonen und andere hygienische Bedingungen! Vorsicht bei notwendiger Höhen-Anpassung! Die Fähigkeit hierzu wird im Alter geringer. Fragen Sie den Arzt.
7. Vorsicht vor Überlastungssituationen, die negativen Streß auslösen, sei es im Beruf, sei es – manchmal sogar mehr – in der Freizeit!
8. Vernünftiger Umgang mit Stimmungsveränderern, welches bedeutet: Vorsicht vor Alkohol, kein Nikotin und keine Drogen, wie sie auch heißen mögen!

9. Vorsicht vor Umweltschäden, da unsere Umwelt zunehmend mit Metallosen oder Chemie angereichert wird. (Auch der Arbeitsplatz gehört zur Umwelt.) Hierzu gehört auch die Radioaktivität!

Aufgrund der Aktualität der Radioaktivitätsproblematik nach dem Unglück von Tschernobyl möchte ich dieses Thema etwas vertiefen. Radioaktivität ist keine Erfindung des Menschen, sondern naturgegeben, wir leben seit Menschengedenken damit. Radioaktive Strahlung ist ständig in der Atmosphäre und in der Erde nachweisbar und meßbar. Sie ist auf der Zugspitze wie auf allen hohen Bergen höher als im Tal und über dem Meeresspiegel. Aber auch Erdgesteine strahlen. Bimsstein strahlt zum Beispiel. Häuser strahlen, da sie aus strahlenden Materialien gebaut werden müssen. (Gutes Lüften der Räume ist daher auch vonnöten.)

Die radioaktive Kontamination wird in Bequerel gemessen. Gefahr für den Menschen und seine natürliche Umgebung entsteht erst durch zu hohe Radioaktivität, z. B. durch einen Unfall im Kernkraftwerk. Da deutsche Kernkraftwerke im Gegensatz zumindest zu den Kernkraftwerken vieler anderer Länder 4fach anstatt 1fach gesichert sind, besteht nach menschlichem Ermessen kaum Gefahr, daß wir eine Katastrophe unmittelbar vor unserer Haustür erleben müssen. Jeder Haushalt sollte sich aber sichern, indem er die Schutzvorschriften der Bundesregierung streng beachtet. Darüber hinaus sollten wir Lehren ziehen und in unserem Haushalt für jede Person pro Tag für ca. 1–3 Wochen für den Fall von mittelbarer Gefahr folgenden Vorrat anlegen, wobei der Stromausfall zu bedenken ist:

2–3 Liter Sprudelwasser (auch zum Kochen), ein- bis zweihundert Gramm Reis oder Teigwaren, 150 g Dosenbrot, 100 g Dosengemüse, 150 g Dosenwurst und

150 g Dosenfleisch sowie Öl. Ferner Kaffee, Tee, Dosenmilch, evtl. Milchpulver, Marmelade, Honig, Margarine und ein Campinggaskocher plus Gaskartusche. Außerdem gehört ausreichend Klebeband in jeden Haushalt, um Fenster und Türen eines Raumes notfalls zu verkleben, Verbandmaterial, Kerzen, Streichhölzer, ein ausreichender Vorrat an Vitaminpillen. Solche Notvorräte müssen immer wieder ausgetauscht und auf ihre Haltbarkeit überprüft werden.

Als Fernziel müssen wir jedoch darüber hinaus vor allem nach ungefährlicheren Energiequellen suchen; selbst Öl, Erdgas, ja Holz sind nicht völlig ungefährlich für die Natur! Auch Kohle schafft bei der Verbrennung radioaktive Strahlung! Das Nahziel sollte jedoch der überaus sparsame Gebrauch der Energie generell sein, das heißt: Keine unüberlegte Verschwendung! Nicht in der Industrie, aber auch nicht im kleinen Haushalt. Man kann den Lichtschalter auch zum Ausschalten benutzen.

Jedem steht frei, dies alles zu beachten oder darüber hinwegzusehen. Er sollte aber wissen, daß die Beachtung der genannten neun Punkte unbedingt bereits in den Bereich der individuellen Altersvorsorge gehört, denn alle auftretenden bleibenden Schädigungen hinterlassen irgendwelche gesundheitsbelastenden »Narben«. Daher muß gesagt werden, daß die Kunst der gesunden Lebensführung bereits in der Jugend und in umfassender Vielseitigkeit anfängt, nicht erst im Alter, wenn bereits mutwillig oder unwissend Schäden eingekauft wurden, die die Gesundheit belasten, das Alter verkürzen oder – vielleicht schlimmer noch – »nur« verschlechtern.

Wie jede Kunst muß man auch Gesundheitsvorsorge so früh wie möglich ein Leben lang üben und ausüben, sonst ist ein gesundes, geistesfrisches hohes Alter nicht möglich. Ist es doch auch viel klüger, dafür zu sorgen, möglichst gesund zu bleiben, als Krankheiten behandeln zu lassen und in zweierlei Hinsicht teuer zu bezahlen, nämlich mit Geld und einem Teil der Gesundheit!

Ich habe eingangs erklärt, daß das Lebensalter letztendlich genetisch, also erblich begrenzt ist, daß es aber keineswegs so ist, daß ein genetisch »gesunder« Mensch nun einfach draufloslében kann, wie er will, und trotzdem gesund hochbetagt wird. Ich wiederhole: Auch er kann modernen Zivilisationsschäden unterliegen, kann eine Hepatitis-B-Infektion bekommen, Leberkrebs oder gar einen Raucherkrebs, ja sich den Herzinfarkt an-ärgern oder den Schlaganfall an-essen. Leben ist lebensgefährlich – für jedermann.

Im übrigen: Wer kennt schon sein Erbgut? Man kann sich bisher schon auf sehr vieles, aber noch in keinem Labor auf Langlebigkeit untersuchen lassen, obwohl dies in Vorbereitung ist. Gesunde Lebensführung tut also not! Für alle. Darum beginnen Sie sofort: Heute – hier!

Ich möchte gesunde Lebensführung auf einen einfachen Nenner bringen: Es gehört neben dem Versuch, die genannten Risiken zu meiden, vor allem eine *ausgeglichene Stoffwechselbilanz* dazu. Jeder Kaufmann weiß, daß in einer guten Bilanz die Ein- und Ausgaben immer ausgeglichen sein müssen. Das gilt nicht nur im Geschäftsleben. Nur wenige aber bedenken diese Tatsache, wenn sich um die eigene Körperbilanz handelt.

In der Medizin bedeutet eine gute Stoffwechselbilanz ein ausgeglichenes Verhältnis von in *Quantität* (Menge) und *Qualität* (Zusammensetzung) stimmender Ernährung einerseits und *Bewegung* und *Verdauung* andererseits.

Beginnen wir mit der Ernährung! Nahezu jeder Durchschnittsbürger meint, daß er sich »normal« also gesund ernährt. Er hat nur noch nie genau definieren können, was dieses »Normale« ist.

Kaum jemand ist bereit, sich tiefergehende Gedanken über den wichtigsten Vorgang im täglichen Leben zu machen, nämlich über die gesunde Ernährung. Viele kaufen gedankenlos ein, achten nicht genügend auf die Qualität der Waren und essen Lebensmittel, die nicht mehr einwandfrei sind, übernehmen den Speisezettel der Mutter und Großmutter, weil es als Kind zu Hause so gut geschmeckt hat (meist zu süß und zu fett), frieren in PVC ein (kann krebserregend wirken). Männer pflegen das zu essen, was die Frauen ihnen vorsetzen, und diese kochen nach dem tollen Rezept der »Eva« oder anderer Zeitschriften oder nach einem eigenen Sparprogramm, um die Haushaltskasse für andere Dinge zu schonen (meist zu kohlehydratreich). Mit dem Wichtigsten im Leben, der Gesundheit, wird täglich gedankenlos gespielt. Denn durch vermeidbare Fehler ist die Ernährung, wohlgemerkt die *falsche* Ernährung, zum *Hauptfeind* der heutigen Menschheit geworden.
Lernen Sie, weniger mit den *Augen* und der *Zunge*, sondern mehr mit dem *Verstand* zu essen. Denn anders als vor hundert Jahren stirbt man heute hauptsächlich an den ernährungs- bzw. überernährungsabhängigen Gefäßleiden und nicht mehr an Mangelsyndromen durch zu wenig Nahrung: Herzinfarkt und Schlaganfall heißen unsere Geißeln. Ganz besonders letzterer kann zu langem Siechtum führen.

Fettsucht, Diabetes mellitus, Bluthochdruck, Gicht, Fettstoffwechselstörungen, also die Risikofaktoren für Gefäßleiden, sind eindeutig nicht nur genetisch, also durch Erbgang, sondern auch durch Fehler der aktuellen Ernährung bedingt oder werden zumindest dadurch weitgehend mitverursacht. Wollen Sie sie meiden, müssen Sie sich allerdings von Kindheit an gesund ernähren. Wollen Sie sie reduzieren, fangen Sie heute an, egal, wie alt Sie sind – es lohnt sich immer.

Bleibende Schäden durch frühere falsche Ernährung können allerdings nicht rückgängig gemacht, der bereits eingetretene Alterungsprozeß nicht aufgehoben werden.

Mit Ärzten wird leider kaum über Ernährung gesprochen. Eventuelle Ratschläge gibt das Reformhaus, und sie sind oft nicht die schlechtesten. Schulwissen über die Ernährung ist lückenhaft und wird bald vergessen.

Falsche Ernährung hat ihre Wurzeln in der Geschichte: In grauer Vorzeit regulierte der gesunde Instinkt der Menschen die Nahrung, wie dies heute noch bei freilebenden Tieren der Fall ist. Gesunder Instinkt ist jedoch eine Eigenschaft, die in einer verstandesorientierten Welt kaum noch vorhanden ist. Damals mußte der einzelne mühsam für sich und seine Familie der Natur Nahrung abtrotzen, sie sich erkämpfen, nämlich in schwerer körperlicher Arbeit selbst anbauen. Diese Arbeit war einerseits gut. Andererseits haben viele Generationen an Mangelsymptomen gelitten aufgrund qualitativ schlechter (ich erinnere an Pellagra, Skorbut, Rachitis, Dystrophien etc.) und vor allem quantitativ zu geringer Ernährung.

Man zeigte Reichtum deshalb auch gern am Körpergewicht, war gern »stattlich«. Arme Leute waren nicht dick, sondern dünn. Dies ist ein tiefsitzender Volksglaube, der sich in allen Bevölkerungskreisen bis in die Zeit der Industrialisierung hinübergerettet und dort eine neue verhängnisvolle Blüte erfahren hat. (Heute ist es eher umgekehrt.)

Die vorletzte große Hungersnot in Europa war erst in den Jahren 1846 bis 1848. Von 1850 bis 1853 waren pro Kopf der körperlich schwerarbeitenden Bevölkerung ca. 2000 Kalorien verfügbar. Mit den beiden letzten Weltkriegen kam wieder eine, diesmal kriegsbedingte Hungersnot nach Europa. Es gibt kaum einen Menschen, der diese Kriege erlebte und nie Hunger gelitten hat. So lange ist dies alles noch nicht her, aber wieviel hat sich geändert! Während unsere Vorväter noch gewohnt waren, ihre Nahrung selbst anzubauen, zu züchten oder zu erjagen, waren unsere Großmütter und Mütter bereits gewohnt, Nahrung zu kaufen oder gar kaufen zu lassen, jedoch täglich frisch auf dem Markt. Sie beherrschten die Nahrungskunde, und vieles wurde genußvoll selbst hergestellt. Die heutige, zumeist berufstätige Hausfrau unserer westlichen Überflußgesellschaft kauft ein- bis zweimal in der Woche Abgepacktes, Eingefrorenes und Konserven; sie weiß gar nicht mehr, wie ein junges Huhn aussehen soll, wie man einen Hasen abzieht, die Gans rupft. Sie hat keine Ahnung, was bei der Nudelherstellung verwendet wurde, wie es beim Brotbacken zuging oder bei der Herstellung anderer Nahrungsmittel, besonders der Fertiggerichte, auch wenn sie deren Bestandteile endlich neben der Ablaufzeit auf der Verpackung aufgedruckt erhält.

Leider fehlt zumeist immer noch das Verpackungsdatum, welches in Krisenzeiten wie nach Tschernobyl interessiert.

Die Hausfrau von heute muß sich auf staatliche Kontrolle verlassen, verlassen können.

Sicher ist diese Kontrolle noch verbesserungsfähig, speziell in bezug auf die Kontrolle der vorangegangenen Düngung, also auf die Behandlung mit Pflanzenschutzmitteln, und in bezug auf die verwendeten Fettsorten. Bei Salat, Obst und Gemüse – sei es frisch, in Konserve oder tiefgefroren – sollte das angewandte Düngemittel angegeben werden müssen. Bei Fertiggerichten sollten auch die Fettsorten genau definiert werden. Noch fehlen Restaurants, die die von ihnen verwendeten Fettsorten angeben. Unser Wunschzettel ist groß.

Das Hauptproblem unserer Nachkriegs-Überflußgesellschaft in der westlichen Welt ist also heute ein anderes und eigentlich gegensätzlich zu dem früherer Generationen, nämlich: Wie lebe ich bei dem reichen und von mir großteils unkontrollierbaren Angebot an Nahrung *qualitativ gesund* (nämlich in bezug auf Zusammensetzung der Nahrung und auch ihrer Schadstoffe), und wie bleibe ich *quantitativ gesund*, nämlich schlank und dadurch leistungsfähiger? Damit wollen wir uns jetzt genauer befassen, eine Eß-Strategie entwickeln.

A. Eß-Quantität: Wieviel darf ich essen?

Für das Gros der Bevölkerung unserer Tage läßt sich nach wie vor sagen, daß sich eine verhängnisvolle Verschiebung in der Lebensführung eingeschlichen hat.

Der heutige Mensch arbeitet weniger, dafür ißt er mehr, als der vor hundert Jahren – oder in noch früherer Zeit

Tabelle 1: Kalorienbedarf – als Faustregel – bei sitzender Tätigkeit nach Geschlecht/Gewicht/Alter [1]

Männer			
Gewicht kg	25 Jahre	45 Jahre	65 Jahre
50	2300	2050	1750
55	2450	2200	1850
60	2600	2350	1950
65	2750	2500	2100
70	2900	2600	2200
75	3050	2750	2300
80	3200	2900	2450
85	3350	3050	2550
Frauen			
Gewicht kg	25 Jahre	45 Jahre	65 Jahre
40	1600	1450	1200
45	1750	1600	1300
50	1900	1700	1450
55	2000	1800	1550
58	2100	1900	1600
60	2150	1950	1650
65	2150	2050	1750
70	2400	2200	1850

---

[1] In: Hans-Jürgen Holtmeier, Ernährung des alternden Menschen. Mit Schonkostempfehlungen und 226 Menüvorschlägen. Georg Thieme Verlag, Stuttgart, 5. unveränderte Auflage 1987.

– aß. In unserer Region sind 3 000 Kalorien *und mehr* pro Tag bei sitzender Tätigkeit keine Seltenheit! Dabei sollten Menschen mit sitzender Arbeitsweise (hierzu gehören Lehrer, Beamte, Buchhalter, Sekretärinnen, Richter, Rechtsanwälte etc.) über 55 J. als Faustregel, also pauschaliert, nicht mehr als 1 800–2 400 Kalorien zu sich nehmen.

Differenziert betrachtet, variiert der *Kalorienbedarf,* nämlich die *Eßquantität,* außer nach Tätigkeit auch nach Alter, Geschlecht, Größe und Ausgangsgewicht und ist beim Jugendlichen am größten, beim Greis am geringsten, weil dieser sich nicht nur weniger bewegt, sondern weil darüber hinaus auch sein Stoffwechsel (Grundumsatz) geringer wird. Der Kalorienbedarf hängt auch mit diesem Stoffwechsel zusammen, der nur wenig beeinflußbar ist. Durch eiweißreiches Essen können wir ihn allerdings ankurbeln. Siehe Tabelle 1 (Kalorienbedarf bei sitzender Tätigkeit, für Normalgewicht pauschaliert und nach Alter, Gewicht und Geschlecht gegliedert), auf Seite 78.

Der Kalorienbedarf für verschiedene Tätigkeiten ist übrigens geringer, als durchschnittlich geglaubt wird.

Der *Mehrbedarf* beträgt pro Tag – als Faustregel – bei:

Mittelschwerarbeiter	600 Kalorien
Schwerarbeiter	1 200 Kalorien
Schwerstarbeiter	1 600 und mehr Kalorien.

Sie können Ihren zusätzlichen Kalorienbedarf bei Tätigkeiten aber auch in Tabelle 2 (Seite 80) ablesen.

Tabelle 2

Körperliche Aktivität Energieverbrauch in 30 Minuten (in Kalorien)			
Arbeiten		Radfahren	115
im Sitzen	60	12 km/h	140
im Stehen	80–150	16 km/h	190
im Gehen	100–270	20 km/h	270
Autofahren		Sauna	40
normaler Verkehr	60		
Berufsverkehr	bis 120	Schlafen	30–40
Fernsehen	40	Schwimmen	175 (bis 540)
Gartenarbeit		Segeln	110–350
Mähen	145		
Jäten, Hacken	165	Skifahren	
		Abfahrt	360
Gymnastik	180	Langlauf	360
		8 km/h	420
Hausarbeit		10 km/h	480
Kochen	50–70	14 km/h	670
Bügeln, Putzen	110		
Tapezieren	110–200	Spazierengehen	80
Joggen	285	Surfen	330
	(bis 500)	Tennis	225–400
Lesen, Lernen	40–50		
		Wandern	
		normal	90–110
		bergauf	185
		im Gebirge	bis 400

Merke:
Jeder kann und sollte sich einmal die Mühe machen und seinen Kalorienbedarf, also die für ihn gesunde Eß-Quantität, seinen Energieverbrauch, genau und individuell ausrechnen. Denn Pauschalangaben stimmen nie für den einzelnen. Den besten Ratschlag gibt Ihnen letztendlich aber Ihre Waage! Wiegen Sie sich deshalb zumindest jeden Sonntag!
Nun Rüstzeug für individuelle Energieberechnung.

Regel I   Energieverbrauch

Energieverbrauch in Kalorien = Basiskalorienwert + Arbeitskalorienwert	
Basiskalorienwert für Frauen:	Gewicht × 20
Basiskalorienwert für Männer:	Gewicht × 25
Arbeitskalorienwert	
für Bettlägerige	0 % der Basiskalorien
für Menschen ohne Arbeit	ca. 20 % der Basiskalorien
für Menschen mit leichter körp. Arbeit	ca. 33 % der Basiskalorien
für Menschen mit mittelschwerer körp. Arbeit	ca. 50 % der Basiskalorien
für Menschen mit schwerer körp. Arbeit	ca. 100 % der Basiskalorien

Zusätzlich muß man sich folgendes einprägen:

1 Gramm Eiweiß	sind	4,1 Kalorien
1 Gramm Kohlehydrat	sind	4,1 Kalorien
1 Gramm Fett	sind	9,3 Kalorien
1 Gramm Alkohol (100%)	sind	7,1 Kalorien

Der Genuß von 1 g Fett bringt also mehr als doppelt soviel Brennwert – Kalorien – in den Körper als der Genuß von Eiweiß und Kohlehydraten, ja selbst ein Bier (0,2 Liter) (96 Kalorien) kann bereits mehr Kalorien bringen als eine Scheibe Brot (Weißbrot, 20 g: 52 Kalorien).

Beispiele bezogen auf das aktuelle = Ist-Gewicht			
Anne	55 Jahre/172 cm/75 kg Sekretärin ohne Putzfrau		
	Basiskalorienwert: $75 \times 20 =$		1 500 Kal.
	Arbeitskalorienwert: 33%	+	500 Kal.
			2 000 Kal.
	(bei mehr Hausarbeit 50% = 2 250 Kal.)		
Hans	64 Jahre/175 cm/80 kg Handwerksmeister, noch voll tätig		
	Basiskalorienwert: $80 \times 25 =$		2 000 Kal.
	Arbeitskalorienwert: 50%	+	1 000 Kal.
			3 000 Kal.
Else	76 Jahre/165 cm/70 kg Rentnerin, Putzfrau 2mal/Woche		
	Basiskalorienwert: $70 \times 20 =$		1 400 Kal.
	Arbeitskalorienwert: 20%	+	280 Kal.
			1 680 Kal.
Fritz	85 Jahre/170 cm/55 kg		
	bettlägerig $\quad 55 \times 25$		1 375 Kal.
Maren	45 Jahre/160 cm/70 kg Richterin mit Haushaltshilfe		
	Basiskalorienwert: $70 \times 20 =$		1 400 Kal.
	Arbeitskalorienwert: 33%	+	467 Kal.
			1 867 Kal.

B. Eß-Qualität: Was darf ich essen?

Differenziert man nach der *Qualität* der Nahrung, so sieht dies pauschaliert für Normalgewichtige wie folgt aus:

Die Ernährung sollte bei einem *jüngeren* Menschen (bis zu 55 Jahren) in folgendem Verhältnis stehen:
ca. 30% seines Kalorienbedarfs: Fett
ca. 15% seines Kalorienbedarfs: Eiweiß
ca. 55% seines Kalorienbedarfs: Kohlehydrate.

Der *alternde, alte und hochbetagte Mensch* sollte
ca. 25% seines Kalorienbedarfs: Fett
ca. 25% seines Kalorienbedarfs: Eiweiß
ca. 50% seines Kalorienbedarfs: Kohlehydrate

zu sich nehmen. Aber auch hier muß individuell berechnet werden. Pauschalangaben sind ihrer Natur nach Durchschnittswerte, die nicht für jedes Individuum stimmen.

Ein in strenger Ruhe befindlicher Mensch, ein *Greis*, z. B. als Pflegefall im Bett, braucht etwa 1500 Kalorien pro Tag im Verhältnis von 25% Fett, 25% Eiweiß und 40% Kohlenhydrate.

Hochbetagte und Greise dürfen im übrigen kalorisch eher großzügiger leben als Alternde und Alte, also eher etwas korpulenter sein, aber keinesfalls fett.

Einzelheiten zur Eß-Qualität finden Sie unter den Faustregeln im folgenden Text, es werden dort auch individuelle Maßstäbe gesetzt. Es sei hier nur das Hauptproblem der Nahrungsqualität angerissen, welches *Nahrungsdichte* heißt, nämlich: Bei verringerter Eß-Quantität (also Nahrungsaufnahme) trotzdem das Angebot von qualitativ lebensnotwendigen Stoffen zu gewährleisten.

Diese lebensnotwendigen Stoffe werden auch essentielle genannt. Es gibt sie auf dem Sektor des Eiweiß-, des Fett- wie auch des Kohlehydrat-Haushalts, aber auch bei Vitaminen und Spurenelementen. Darüber Genaueres bei den jeweiligen Faustregeln.

Dies vorweg: Man kann verringerte Nahrungsmenge und trotzdem ausreichende Nahrungsdichte erreichen, indem man auf sogenannte *leere Energieträger*, d. h. energiereiche Lebensmittel ohne essentielle Nährstoffe *verzichtet,* etwa auf Zucker und Zuckerprodukte, Alkohol und tierische Fette!

> **Verzicht auf leere Energieträger ist der wichtigste Grundsatz gesunder Ernährung!**

Dies alles sollte Grund genug für Sie sein, eine gewisse individuelle Eß-Strategie zu entwickeln und auch in Zukunft einzuhalten. Lassen Sie uns dazu noch einige Details besprechen.

Zum Beispiel zu den Mahlzeiten. Auch hier sollten wir einmal zurückblicken. Historisch betrachtet, haben die Menschen früher an 6 Tagen in der Woche je 10 Stunden und mehr körperlich schwerste Arbeit geleistet! Damals hat es sich eingebürgert, 3 kräftige Mahlzeiten zur Unterteilung des Tages zu sich zu nehmen, nämlich je eine vor, während und nach der schweren Arbeit. Heute arbeiten wir kürzer und körperlich leichter, haben aber die Nahrungsaufnahme in Großmahlzeiten beibehalten. Auch dies ist eine schlechte Angewohnheit. Je weniger und je kürzer körperlich gearbeitet wird, um so häufiger sollten viele kleine Mahlzeiten gegessen werden. Der *Alternde* und *Alte* sollte *fünf kleine Mahlzeiten* einnehmen. Der *hochbetagte Mensch* und *Greis* soll gar *sechs kleine Mahlzeiten* einnehmen von etwa 300 Kalorien pro Mahlzeit: zwei morgens, eine mittags, eine nachmittags, zwei abends; z. B. 8 Uhr, 10 Uhr, 12 Uhr, 15 Uhr, 18 Uhr, 21 Uhr. Hier sollten Altenheime, Seniorenstifte, Pflegeheime etc. umdenken! Äpfel und Joghurt gelten allerdings als kleine Mahlzeit, ebenso ein Salatteller. Es sollte keinesfalls immer etwas Warmes sein oder gar eine Kalorienbombe! Jede kleine Nascherei muß berechnet werden. Hier einige Circa-Werte:

3–4 Pralinen	(20 g)	= 100 Kal.
1 Eßlöffel Erdnüsse	(16 g)	= 100 Kal.
Bonbons (ca. 1 Eßlöffel)	(25 g)	= 100 Kal.
1 Riegel Schokolade	(16 g)	= 90 Kal.
25 Salzstangen	(20 g)	= 100 Kal.
5 Plätzchen	(20 g)	= 100 Kal.
ein Bier	(0,2)	= 100 Kal.
ein Cola	(0,2)	= 88 Kal.
ein Glas Traubensaft	(0,2)	= 185 Kal.
1 Likör	(0,1)	= 70 Kal.

Die sich mir zur gesunden Ernährung anbietenden Ratschläge möchte ich der Prägnanz wegen in folgende Faustregeln zusammenfassen:

1. Faustregel:
Halten Sie Ihr persönliches Idealgewicht!

Viele werden die berühmt-berüchtigte Formel von Broca kennen, nach der sich noch immer das *Normalgewicht* errechnen läßt. Sie lautet: Körpergröße in Zentimetern minus 100 = Kilogramm Normalgewicht. Dies würde bedeuten, daß ein 170 cm großer Mann ebenso wie eine 170 cm große Frau 70 kg wiegen darf. Dies kann sicher nicht richtig sein. Auch daher wurde der Begriff des *Idealgewichts* ermittelt, das für Männer Normalgewicht minus 10% und für Frauen Normalgewicht minus 15% lautet. Auch hier werden Fehlverhaltensweisen initiiert, denn der Knochenbau ist nun einmal nicht nur zwischen Mann und Frau, sondern auch innerhalb der Geschlechter verschieden und gewichtsmäßig daher unterschiedlich zu bewerten. Wir wollen deshalb besser vom *persönlichen Idealgewicht* sprechen und es von der Gewichtstabelle lösen. Ein einfacher Griff zur Hüfte oder Taille genügt, um das Übel in Gestalt einer Speckfalte zu entlarven.

Persönliches Idealgewicht ist das Gewicht ohne deutlich abhebbare oder gar festsitzende Speckfalte an Hüfte oder Taille. Ganz einfach: Sie müssen fasten, bis die Hüfte schlank ist!

Die meisten Menschen reagieren bei der Frage nach den Gewichtsproblemen, als wolle man sie um ihr Lebensglück betrügen. In Wirklichkeit will man gerade das Gegenteil. Statistisch betrachtet, hat der Übergewichtige die Chance, vier Lebensjahre dazuzugewinnen, wenn er sein Normalgewicht erreicht, nicht gerechnet die Verbesserung seines körperlich-seelischen Gesamtbefindens. Dünne Menschen leben physisch, also körperlich (und oft psychisch, also seelisch) gesünder und werden gesünder alt. Dies gilt auch bei schweren Krankheiten, obwohl sie, wie es fälschlicherweise oft heißt, »nichts zuzusetzen« haben. Denn – ich kann es nicht oft genug wiederholen – die Fettsucht (Adipositas) steht an fünfter Stelle der Risikofaktoren der Sklerose, stellt also eine Gefahr dar, Herzinfarkte oder Apoplexien (Schlaganfälle) zu bekommen, aber auch Hochdruck, Diabetes, Gicht oder Gefäßleiden. All dies kann

die Widerstandskraft dicker Menschen herabsetzen, ganz zu schweigen von der Gefahr für Wirbelsäule und Gelenke oder gar der Embolie-Gefahr. Dicke Menschen setzen zunächst nur im Unterhautgewebe mehr Fett an, bei stärkerer Fettsucht aber auch in den Organen, deren Arbeit durch die Fettzellen gestört wird. Dicke gelten als kräftig, ohne es zu sein – das gilt selbst für die Muskulatur! Oft essen sie in der Nahrungszusammensetzung falsch und sind dadurch trotz Übergewicht partiell (nämlich qualitativ) unterernährt, besonders bezüglich des Eiweißhaushalts, welcher für Wohlbefinden und Lebensfreude am wichtigsten ist.
Gewichtsverlust ohne Nahrungsreduktion, nur durch mehr Bewegung, ist aber im allgemeinen ein Wunschtraum.

Sehen Sie sich die TABELLE 2 auf Seite 80 über Bewegungen, Arbeiten etc. an! Sie können gar nicht so viel radfahren, wie Sie Kalorien verlieren müssen! Wenn Sie bei schnellem Tempo 20 km in einer Stunde gefahren sind, haben Sie nur 570 Kalorien verbraucht. Viele Menschen müßten so täglich drei Stunden lang insgesamt 60 km radeln, um ihren Kalorienüberschuß loszuwerden. Wer tut so etwas? Zumeist muß man gar nicht hungern, um abzunehmen. Es genügt, die Eßgewohnheiten generell zu überdenken und sie dann entschlossen und ein für allemal zu ändern. Dies ist auch besser, als heute viel und morgen wenig zu essen, Freßorgien mit qualvollen Hungertagen abzulösen, dazu Abführ- oder Entwässerungspillen zu schlucken, oder – als Schlimmstes – sich gar zum Erbrechen zu zwingen. Ändern Sie Ihre Eßgewohnheiten – für immer!

Ein bißchen Denken gehört allerdings dazu, gerade dies wird beim Essen gern vergessen. Die meisten Menschen essen unkontrolliert und gierig, als ob es morgen nichts mehr gäbe. Nach unserem heutigen Wissensstand essen wir im allgemeinen *zu viel – zu fett – zu süß – zu salzig*. Denken Sie beim Abnehmen also an die Formel

»v-f-s-s«!

Und benutzen Sie sie, um beim Einkaufen oder gar beim Blick in den Eisschrank zurückzuschrecken.

Jetzt die *1. Reduktionsdiät:* Wenn Sie über kurze Zeit rasch ein paar Pfunde abnehmen wollen, so bringt das konsequente Weglassen von sichtbarem Fett in jeglicher Form (z. B. Öl, Butter, Margarine, Palmin, Speck, auch Saucen), das zusätzliche Weglassen von Zuckerprodukten in jeglicher Form (z. B. Honig, Marmelade, Kompotte, Obst, Obstsäfte, Schokolade, Pralinen, Süßspeisen, Kuchen, Backwaren) und das Weglassen von Suppen meist den entscheidenden Durchbruch zum persönlichen Idealgewicht. Viel Fleisch oder Fisch oder 20%-Käse, wenig Brot, wenig Kartoffeln, viel Gemüse und Salat verbleiben. Man muß also nicht immer Kalorien zählen. Zum Übergehen von Hungergefühl sollte lange und gut gekaut werden (30× pro Bissen!). Bei kleinen Mahlzeiten sollte auf Pilzsorten, Gurken, frische Blumenkohlknospen, Maiskölbchen, eventuell rohe Möhren, saure Äpfel oder Magerjoghurt zurückgegriffen werden. Sie haben Kalorien, wenn auch wenige:

100 g Gurken	– 17	Kalorien
100 g Rettich	– 20	Kalorien
100 g Champignons (roh)	– 24	Kalorien
100 g Blumenkohl	– 28	Kalorien
100 g Möhren	– 35	Kalorien
100 g Maiskölbchen	– 40	Kalorien
100 g Äpfel	– 52	Kalorien
1 Magerjoghurt	– 57	Kalorien

Jede einzelne einsparbare Kalorie bringt das Ziel näher. Stellen Sie sich vor, eine Kalorie sei ein Pfennig, den Sie sparen, wenn Sie ihn nicht ausgeben (= essen). Eiweiß und Kohlehydrate sind am billigsten, kosten Sie am wenigsten! Mit den erlaubten Pfennigen müssen Sie haushalten. Vielleicht klappt es dann!

Eine 2., einschneidendere *Reduktionsdiät* ist die Milchdiät. Ein Liter Vollmilch und ein Liter Magermilch enthalten zusammen ca. 1000 Kalorien! Mit 3 Eßlöffeln Leinsamen oder Weizenkleie versetzt, können Sie einige Zeit ohne Mangelsymptome aushalten und verlieren garantiert Gewicht. Zusätzlich sollten Sie 1 Liter Mineralwasser trinken!

3. *Reduktionsdiät:* Wer als Astronaut leben möchte, kann vorgefertigte Drinks wie Bionorm etc. in gewünschter Kalorienhöhe zu sich nehmen. Fertiggerichte sind gleichfalls in gewünschter Kalorienhöhe auf dem Markt.

4. *Reduktionsdiät:* Bei erheblichem, festsitzenden Übergewicht hilft nur eine totale Umstellung und das konsequente *jahrelange* Einhalten einer Mischkost, genau auf den *individuellen Kalorienbedarf des Soll- oder Idealgewichts* abgestellt. Das ist empfehlenswert, denn sehr einschneidende Reduktionsdiäten werden meist nicht lange genug eingehalten und die Fehlernährung baldigst wieder eingeführt. Jeder echte Adipöse (Fettsüchtige) muß einen solchen individuellen Energieplan betreffend seinen Kalorienbedarf unter Zugrundelegung von Alter und Betätigung erstellen. Ein Energieplan ist aber auch für den Normalgewichtigen oder Untergewichtigen interessant und bezüglich qualitativer Fehler in der individuellen Nahrungsdichte wichtig.

Im Grunde kann es niemandem schaden, sich einmal Klarheit über seinen Energiebedarf zu verschaffen. –

Wie geht man vor?

ENERGIEVERBRAUCH (gemäß Regel I)

Energieverbrauch in Kalorien = Basiskalorienwert (bezogen auf Sollgewicht) + Arbeitskalorienwert
BEISPIELE: 1. ANNE: 55 Jahre/172 cm, Sekretärin, keine Putzhilfe, Gewicht 75 kg SOLL-Gewicht 61,2 kg (72–15%) Basiskalorienwert = 61,2 × 20 = 1224,0 Kal. Arbeitskalorienwert 33% = 408,0 Kal. = 1632,0 Kal. bei mehr Hausarbeit 50% = 612,0 Kal. = 1836,0 Kal.
2. HANS: 66 Jahre/174 cm, Handwerksmeister, voll tätig, Gewicht 80 kg SOLL-Gewicht 67,5 kg (75–10%) Basiskalorienwert = 67,5 × 25 = 1687,5 Kal. Arbeitskalorienwert 50% = 843,7 Kal. = 2531,2 Kal. glgt. weniger Arbeit 33% = 592,5 Kal. = 2280,0 Kal.
3. ELSE: 76 Jahre/165 cm, Rentnerin, eine Putzfrau, Gewicht 70 kg SOLL-Gewicht 55,2 kg (65–15%) Basiskalorienwert = 55 × 20 = 1100,0 Kal. Arbeitskalorienwert = 220,0 Kal. = 1320,0 Kal.
4. FRITZ: 88 Jahre/170 cm, total bettlägerig, Gewicht 55 kg SOLL-Gewicht 63 kg (70–10%) Basiskalorienwert = 63 × 25 = 1575,0 Kal. Soll zunehmen: 200 Kal. mehr pro Tag
5. MAREN: 45 Jahre/160 cm, Richterin, Haushaltshilfe, Gewicht 70 kg SOLL-Gewicht 51 kg (60–15%) Basiskalorienwert = 51 × 20 = 1020,0 Kal. Arbeitskalorienwert 33% = 307,0 Kal. = 1327,0 Kal.

Vergleiche auch Tabelle S. 82 Energieverbrauch auf Istgewicht bezogen

Wenn Sie nun nach der Diätdauer fragen, lautet die Antwort:

Jahrelang! Erst nach ca. 3 Jahren hat sich der Körper in der Nahrungsaufnahme umgestellt, es setzt sich nicht mehr jede »überschüssige« Nahrung in Fett um. Solange muß man sich über Monate und Jahre mit Kalorienplänen auseinandersetzen, und kann erst später allmählich freier leben. Spezialdiäten, fetthaltige Diäten wie Atkins-Diät, eiweißreiche Diäten wie nach Hollywood oder Gaylord Hauser, kohlehydratbetonte Diäten wie Punktdiät, sind zumeist nicht ungefährlich, da sie sehr einseitige Kostformen vorschreiben, die höchstens für eine sehr beschränkte Zeit (bis zu 3 Wochen) durchgeführt werden sollten.

Im übrigen: Dicke neigen dazu, in rigiden Familiensituationen ohne Konfliktbewußtsein dahinzuleben, eher übereinander bei anderen als miteinander zu reden, oder sie schlucken alles in sich hinein! Decken Sie also lieber Ihren Konflikt auf, um ihn zu bearbeiten, als mit Schokolade zu, um ihn möglicherweise noch zu verstärken! Essen sollte auch keine Ersatzhandlung für die Befriedigung anderer Triebe sein, speziell des Geschlechtstriebs, auch kein Rückfall in die orale Phase unserer Entwicklung! Es sollte nur der Befriedigung des Nahrungstriebs dienen, das heißt: Essen soll beim Hungergefühl beginnen und mit dem ersten Sättigungsgefühl vor der Vollsättigung enden, das ist zumeist früher, als Sie wissen wollen!

2. Faustregel:
Essen Sie Eiweiß!

Eiweiß ist die wichtigste Substanz in unserem Körper. Ohne Eiweiß (also nur mit Fett und Kohlehydraten) kann der Mensch selbst bei vitaminreichster Kost nicht leben. Dabei ist ein Eiweißkörper auch nicht gleich dem anderen. Eiweiß ist nämlich aus Eiweiß-Säuren zusammengesetzt, sogenannten Aminosäuren verschiedener, ganz unterschiedlicher Art. Einige dieser vielen Aminosäuren sind besonders wichtig, da sie nicht durch andere ersetzbar sind, der Körper sie also nicht selbst resynthetisieren (wiederherstellen) kann wie die übrigen. Sie werden essentielle oder auch wesentliche Aminosäuren genannt. Es sind dies Leucin, Isoleucin, Lysin, Methionin, Phenylalanin, Thyrosin, Tryptophan, Valin, Histidin, Arginin, Cystin, Thyroxin und Glutamat. Diese *essentiellen* Eiweiß-Säuren müssen täglich in einer bestimmten Mindestmenge (nämlich ca. 33 g) dem menschlichen Körper zugeführt werden.

Jede menschliche Zelle braucht für ihren Aufbau neben Wasser Eiweißkörper, die eine Zelle weniger, die andere mehr; die Fettzelle am wenigsten, die Hirnzelle am meisten.

Auch für den Transport lebenswichtiger Substanzen im Blut ist Eiweiß als Trägersubstanz, gewissermaßen als »Vehikel«, lebensnotwendig. Alle Erbinformationen sind an Eiweißkörper gekoppelt (nämlich an die Desoxyribonukleinsäure DNS), ebenso der Hormonhaushalt, das Immunsystem und unsere Widerstandskraft etc.

Die besonders eiweißreichen Hirnzellen verrichten die subtilsten Arbeiten: Es wurde bereits von mir ausgeführt, daß alle Gedächtnisleistungen an Eiweiß gekoppelt werden, um gespeichert werden zu können; so entsteht mittels Eiweiß die Erinnerung. Zu keiner Lebenszeit braucht der Mensch deshalb mehr Eiweiß als in der Kindheit, beim Aufbau von Körper und Geist, und im Alter bei drohendem Abbau derselben. In diesen beiden Lebensphasen ist der Eiweißumsatz am größten. Es gilt daher für Alternde, Alte, Hochbetagte und Greise das gleiche wie für Kinder:

> Sie sollten mindestens 0,8–1 Gramm reines Eiweiß pro Kilogramm Körpergewicht pro Tag essen. Essen Sie Eiweiß ruhig im Überschuß, auch wenn Sie mit dem Prozentanteil der Eiweißkalorien über 30 % kommen. Dann sind die 33 g essentieller Eiweiß-Säuren sicherer enthalten.

Das bedeutet für eine 60 kg wiegende, über 55 Jahre alte Frau im Idealfall circa 60 g reines Eiweiß, für einen 70 kg schweren, über 55 Jahre alten Mann circa 70 g pro Tag. Diese Gramm-Angaben klingen nicht schlecht, nämlich gut eßbar. Der Haken ist aber, daß Fleisch, Fisch, Käse und Wurst nicht zu 100 % aus Eiweiß bestehen, sondern zu wesentlich geringeren Prozentzahlen.

Orientieren Sie sich anhand der Kalorientabelle am Ende des Buches!
Wollte man seinen Eiweißbedarf nur mit Fleisch decken, müßte eine 60 kg schwere Frau also pro Tag für 60 g reines Eiweiß circa die 5fache Menge, nämlich etwa 300 g Schweineleber essen oder ca. 400 g Rindfleisch, ein 70 kg wiegender Mann für 70 g reines Eiweiß ca. 550 g Schweinefleisch oder 550 g gekochten Schinken. Für Fisch hieße es gar das 6fache, für Käse das 4fache. Schier unmögliche Mengen!

Man kann einen Teil des Eiweißbedarfs jedoch in Form von Käse, Quark und Fisch oder in Form von Magermilch zu sich nehmen, ja eventuell durch Eiweißkonzentrate auffüllen.

Viele werden denken: Bei so viel Eiweiß bekomme ich doch unweigerlich Gicht! – Falsch gedacht, es muß das richtige Eiweiß sein. Purinarmes wie im Quark, in Kalb-, Huhn- oder Putenfleisch und im Fisch. Fettes Schweinefleisch ist leider für niedere Energieverbraucher, also vor allem Frauen, ungeeignet; sie kommen mit ihren Fettprozentzahlen zu hoch, wenn sie den notwendigen Eiweißgehalt erreichen wollen. Auch dies will erwogen sein!

Hoch lebe besonders der Magerquark; ohne seine 34 g Eiweiß in einem 250-g-Schälchen (95 Kal) käme mancher nie auf sein Einweißminimum.

Spinat, Wirsing, Rosenkohl und Erbsen, besonders auch Soja-Bohnen sind sehr eiweißhaltig.

Es ist bedauerlich, daß diese letztere Frucht in unseren Breiten noch so wenig verbreitet ist, wird sie doch für die auffallende Gesundheit und Stabilität der Asiaten im Alter verantwortlich gemacht, auch für deren Resistenz gegen Krebserkrankungen (wissenschaftlich nicht beweisbar). Allerdings enthält Soja als Frucht Glutamin, welches für Allergiker in manchen Fällen schädlich sein kann. Man kann jedoch viele wohlschmeckende Gerichte aus Soja zubereiten, da es vielseitig verwendbar ist. Sojamehl kann zum Beispiel zur Nudelherstellung verwendet werden, Soja-Bohnen und -Sprossen als Gemüse, Soja-Öl zu Salaten etc.

Die asiatische Küche kann uns hier einiges lehren! Japaner beispielsweise, die als wenig sklerosegefährdet und am ältesten werdend gelten, essen insgesamt sehr viel Eiweiß, zumeist in Form von Fisch, und nehmen kaum andere tierische Fette zu sich. Sie können hierin sicher beispielgebend sein.

Auch die europäische Küche sollte mehrmals pro Woche Fisch auf den Tisch bringen, bevorzugt fettarme Kaltwasserfische, die die für Sklerose unschädliche essentielle Omega-3-Fettsäure (Eicosaptaensäure) enthalten und keine Schadstoffe, wie mancher Flußfisch. (Man beginnt bereits, dieser stark ungesättigten Fettsäure die Fähigkeit zuzusprechen, Entstehung und Ausbreitung der Arteriosklerose zu verhindern!) Hoch leben Hering, Lachs, Makrele! Auch im Lebertran ist sie vorhanden, als Tablette bereits käuflich.

Sehr empfehlenswert ist ferner der tägliche Genuß von Milch, wenn man sie verträgt, besser: Magermilch. In Europa wird Milch von den meisten Menschen vertragen, Milchallergie ist relativ selten, und das für Lactoseabbau (Milchzucker) notwendige Enzym fehlt bei nur 14 % der Europäer, so daß nur bei diesen milchzuckerbedingte Durchfälle auftreten, dann allerdings auch beim Genuß von Würstchen, Milchbrötchen etc., also allen milchhaltigen Produkten. Milch ist qualitativ ein guter Eiweißträger, da alle für die Hirnarbeit notwendigen Eiweiß-Säuren, die sogenannten essentiellen Aminosäuren, die eingangs bereits genannt wurden, in ausreichender Zusammensetzung darin enthalten sind. (Rindfleisch ist nach der Milch der zweitbeste Eiweißträger.)

Dennoch enthält ein Liter Milch nur insgesamt 31–35 g Eiweiß, reicht also mengenmäßig nicht als alleiniger Eiweißträger aus, wenn Sie z. B. 72 g brauchen. Ein Liter führt je nach Fettgehalt bereits 350–600 Kalorien und trotzdem keine ausreichende Sättigung und vollwertige Nahrung zu. Hier müssen Pro und Contra abgewogen werden, wie immer bei gesunder Ernährung. Ein Viertelliter Magermilch (8 g Eiweiß/90 Kal) sollte aber je nach Körpergewicht täglich getrunken werden, sozusagen als Cocktail für Hirn und Knochen (Kalzium- u. Phosphatgehalt!)

Verhängnisvoll ist: Gerade alte Menschen mögen oft kein Fleisch, kein Eiweiß. Oft ist die schlechtsitzende Zahn-Prothese schuld daran, daß Fleisch schlecht zerkaut und dann einfach als zu hart abqualifiziert wird. Hier helfen der Zahnarzt oder spezielle Haftcremes.

Oft ist auch ein Enzymmangel des Verdauungsapparates schuld an der Abnahme des Appetits auf Fleisch, manchmal entsteht sogar Widerwillen. Kaufen Sie dagegen eine Flasche Pepsinwein (enthält Wein und Pepsin), benutzen Sie andere »Saftlocker«, wie Zitrone, Essig, Sherry, Wermut etc. oder durch den Hausarzt verschriebene Enzympräparate. Weichen Sie ansonsten auf mehr Milchprodukte und Fisch aus, denn: Eiweiß muß sein! Es heizt den Stoffwechsel an und darüber Leistungsfähigkeit und Lebensfreude. Nicht umsonst nennt man es auch das Vitamin des Alters. Empfehlen möchte ich in solchen Fällen (aber auch für Jüngere) zur Komplettierung der Nahrung Protein Pur oder ähnliche Präparate, die auf 100 g Substanz 90 g essentielles Eiweiß enthalten und jedweder Nahrung zugeführt werden können. 100 g ergeben 364 Kalorien, die die für Gichtkranke schädlichen Purine nicht enthalten.

Noch einmal zusammenfassend: Ihre körperliche und geistige Leistungsfähigkeit hängt weitgehend vom Eiweißhaushalt ab.

Chronisch müde? – Essen Sie Quark! Die Wertigkeit von tierischem und pflanzlichem Eiweiß ist an sich gleich. Die Menge des Eiweiß-Minimums ist aber allein über pflanzliches Eiweiß kaum zu erreichen, zumindest die Hälfte des Eiweißes sollte vom Tier stammen. Eiweiß ist lebenswichtig; nur durch eiweißhaltige Ernährung kann der Eiweißverlust durch vermehrten Zelluntergang im Alter kompensiert werden. Tägliche Zufuhr ist wichtig, denn Eiweiß kann man nicht wie Fett oder Kohlehydrate »auf Halde« – sprich: Hüfte – speichern.

3. Faustregel:
Vorsicht bei Fetten!

Fette sind chemisch Ester (organische Verbindungen aus Säuren und Alkoholen) des Glycerins mit ein bis drei Molekülen Fettsäuren. Diese sind je nach chemischer Formel gesättigt, ungesättigt oder vielfach ungesättigt.

Seit vielen Jahren fühlen sich Durchschnittsbürger bezüglich ihres Fettverbrauchs verunsichert, denn seit längerem ist den meisten Menschen bekannt, daß tierisches Fett besonders ungesund ist, weil es zu erhöhtem Cholesterinspiegel im Blut und damit zu Gefäßsklerose führt. Dann aber heißt es wieder: »Gute Butter ist gesund.« Was ist nun richtig?

Eine zehnjährige Langzeitstudie, die im Jahre 1983 in den Vereinigten Staaten abgeschlossen wurde, gab der Butter den Rest: Es wurde eindeutig bewiesen, daß der *Cholesterinspiegel* der Erwachsenen nach 12 Stunden Nüchternheit im Serum nicht höher als 260 mg% sein darf, sonst herrscht Sklerose-Alarm, ja über 240 mg% schon Sklerose-Gefahr. Man kann sie mit Infarktalarm oder -gefahr gleichsetzen. Junge Menschen sollten sogar nicht mehr als 150 mg% Cholesterin im Blut haben, als Idealwert gelten 200 mg%, auch für spätere Jahre. Die *Zufuhr* reinen Cholesterins sollte jedoch beim Säugling auf 150 mg pro Tag, dann ansteigend bis zum Erwachsenen auf 300 mg pro Tag beschränkt sein. Ein Frühstücksei enthält bereits ca. 300 mg!

Was aber hat der Cholesterinspiegel im Blut überhaupt mit der Sklerose auf der einen, mit der Butter und dem Fett auf der anderen Seite zu tun? Einiges! So ist tierisches Fett, besonders Butter, das cholesterinreichste Fett, das wir kennen. Butter ist so gefährlich, weil sie von den tierischen Fetten vielen Menschen am besten schmeckt, deshalb am liebsten verwendet wird. Der Cholesterinspiegel im Blut korreliert aber positiv mit der Erkrankung der Menschen an Arteriosklerose, deutet – wenn erhöht – also immer eine Sklerosegefahr an. Es muß sie aber nicht jeder bekommen. Genetische Einflüsse, also Vererbung, spielen neben Ernährungssünden eine wesentliche Rolle.

Cholesterin findet sich aber nicht nur in Butter, sondern auch in anderen Nahrungsmitteln, wie aus nachfolgender Tabelle zu ersehen ist.

100 g	Cholesterin in mp
Hirn	3146
Eigelb	1400
Nieren	350
Leber	250
Kaviar	300
Butter	280
Krabbenfleisch	160
Wild	110
Schmalz	107
Käse 60% Fett i.T.	115
Teigwaren	118
Huhn	75
Rindfleisch (mager)	100
Schweinefleisch (mager)	90
Kalbfleisch (mager)	90
Rotbarsch	70
Hering	80
Schellfisch	30
Käse 20% Fett i.T.	33
Vollmilch	11
Margarine	0

Ich möchte einige interessante Einzelheiten über den Fettstoffwechsel aufzeichnen, der insgesamt sehr kompliziert und daher auch heute immer noch nicht restlos aufgeklärt ist.

Cholesterin wird im Darm aus dem Nahrungsfett resorbiert (»aufgesaugt«). Es wird im Blut, da vorher unlöslich, an Lipoproteide gekoppelt transportiert und vom Körper in 7-Hydroxycholesterin umgebaut. Danach wird es als solches in den Darmwänden (-zotten) abgelagert. Ist der 7-Hydroxycholesterin-Spiegel in den Darmzotten hoch, wird der *Gesunde* gar nicht mehr viel Cholesterin resorbieren können, sondern nur das lebensnotwendige. Der *Kranke* aber resorbiert weiter. Ferner wird Cholesterin zu Gallensäuren verarbeitet (aufoxydiert) und dann als Galle in den Darm ausgeschieden. Die Geschwindigkeit dieses Vorgangs wird auch vom 7-Hydroxycholesterin, also von sich selbst bestimmt. Hier liegt demnach, ebenso wie bei der Resorption, eine Autoregulation, eine Selbststeuerung, vor.

Auch die sogenannte endogene Cholesterinsynthese, das ist der Selbstaufbau von Cholesterin in der Leber, wird vom 7-Hydroxycholesterin bestimmt und eventuell (vom Gesunden) blockiert.

Cholesterin darf übrigens nicht völlig verteufelt werden, denn es ist an sich ein lebensnotwendiger Stoff. Wir sprechen immer von zuviel Cholesterin. Es gibt auch zuwenig Cholesterin, welches beispielsweise zu einer besonderen Anämie (hämolytische Anämie) führen kann. Das Gebot der Vorsicht vor Fetten sollte trotzdem auch für gesunde Menschen gelten, vor allem aber für die nicht kleine Zahl Stoffwechselgestörter, die strenge Diät einhalten und eventuell sogar Medikamente einnehmen sollen. Denn die Kost unserer heutigen westlichen Welt läßt eher die Cholesterinerhöhung als ihren Mangel befürchten.

Aber viele Menschen kennen ihren Cholesterinspiegel gar nicht! Viele Menschen überschwemmen unkontrolliert einfach ihren Körper mit Cholesterin und haben dann stoßweise erhöhte Werte, weil sie eine leichte genetische Stoffwechselstörung haben. Unsere Vorstellung über Skleroseentstehung muß nach neuestem Wissenschaftsstand leider oder Gott sei Dank immer wieder revidiert werden. Hauptschuldig scheint außer dem Fettstoffwechsel ein Mißverhältnis zwischen zwei Gewebshormonen (Thromboxan und Prostaglandin) zu sein. Bei zuviel *Thromboxan* entstehen auch an vorher glatten Gefäßen Ablagerungen, in die Cholesterin hineinwandern kann. Sind keine solchen Gefäßablagerungen vorhanden, kann es auch dann nicht einwandern, wenn der Cholesterinspiegel relativ hoch ist! Ist dagegen viel *Prostaglandin* im Blut, so kann kein Thromboxan an Gefäßwänden gelagert werden und sich auch kein Cholesterin sekundär anlagern. *Muskelarbeit* ist beispielsweise eine sichere Möglichkeit, den Prostaglandinspiegel im Blut zu erhöhen. Gehemmt werden kann Prostaglandin durch aromatische Kohlenwasserstoffe aus dem Zigarettenrückstand Teer im Rauch, ferner durch den Kampfnerv Sympathikus und die ihn steuernden Hormone Adrenalin/Noradrenalin, also durch Dys-Streß (negativen Streß). Deshalb also ist jede Art von Rauchen ein Sklerose-Risikofaktor! Deshalb ist Dys-Streß gefährlich für die Arterien! Deshalb ist Sport gesund!

Fette müssen wir zur Zeit auch insgesamt differenzierter bewerten. Außer Cholesterin kennen wir bisher noch Triglyzeride = Neutralfett und zwei weitere »Fettstoffe«, nämlich Lipoproteine, Fett-Transporter im Blut: LDL (low density lipoproteins) und VLDL (very low density lipoproteins). LDL ist ein umhüllender Trägerstoff für Cholesterin, VLDL für Neutralfette. Neutralfett kann in den Fettdepots gespeichert werden oder bei der Muskelarbeit verbrannt werden. Was geschieht aber mit dem Cholesterin? Es wird von Zellen z. B. für deren Plasmahülle oder ihren Cortisonaufbau gebraucht und aus dem LDL herausgeholt, dazu haben sie LDL-Rezeptoren, die bei geringem Cholesteringehalt der Zelle zahlenmäßig zunehmen, bei hohem Cholesteringehalt zahlenmäßig abnehmen können.

Der Rezeptorenanteil reguliert sich aber nicht nur durch den Cholesteringehalt der Zelle, sondern auch genetisch. Es gibt Menschen mit angeborenem Rezeptorenmangel. Bei ihnen kann LDL und damit auch Cholesterin dem Blutkreislauf nur mangelhaft entzogen werden; sie neigen durch Vererbung, durch familiäre Hyper-Cholesterinämie, zur Arteriosklerose.

Da gibt es aber Gott sei Dank einen dritten Fettstoff HDL (high density Lipoprotein) im strömenden Blut, der das Anlagern von LDL und VLDL an die Gefäßwände wiederum verhindert.

Von HDL sollte man möglichst viel besitzen. Der Gehalt an HDL kann sogar aktiv gesteigert werden, das Zaubermittel heißt wiederum: körperliche Arbeit oder Sport. Frauen besitzen während ihrer Fertilitätsphase (Empfänglichkeitsphase) mehr HDL als Männer, da ihr Haupthormon, das Östrogen, HDL-anreichernd wirkt; dies ist ein Grund dafür, daß junge Frauen seltener an Sklerose erkranken als Männer. Neutralfett kann genauso gefährlich wie Cholesterin werden, es stammt u. a. aus dem Kohlehydrat-Stoffwechsel.

Es ist schon ein Kreuz, wie schwierig gesunde Ernährung ist!

Zusammenfassend kann man heute sagen: Wir brauchen auch die Fette! Wir brauchen sie als Fettpolster zur Wärmeisolierung, zur Aufnahme anderer Körperbausteine, z. B. der Vitamine A, D, E, K, die nur in Fett löslich sind, und für viele Funktionen. Da sie aber *hochkalorisch* sind, nämlich pro 100 g mehr als das Doppelte an Kalorien in den Körper bringen als Kohlehydrate und Eiweiß, müssen wir sie als körperlich wenig Arbeitende generell vorsichtig benutzen. Da wir darüber hinaus häufig stoffwechselgestört sind, obwohl wir uns gesund glauben, ist es angebracht, den Anteil des *tierischen* Fettes im *sichtbaren* Fett (Streich- und Kochfett) vorsichtshalber auf 10 % der Fettzufuhr zu reduzieren. In den Nahrungsmitteln selbst ist noch genug enthalten, vor allem in der Wurst.

Essen Sie also ruhig morgens Ihre Butter auf dem Brot, wenn Sie sie dünn aufstreichen bzw. mengenmäßig wie oben kontrollieren; aber kochen Sie dafür ausschließlich mit Öl oder Margarine, dies ist ein guter Kompromiß für gesunde Durchschnittsbürger.

Sonnenblumen-, Mais-, und Sojaöle sind wegen ihres hohen Gehalts an mehrfach ungesättigten Fettsäuren, z. B. Linolsäure, sehr empfehlenswert. Fische, besonders Makrelen, Lachs, Heringe u. a., sind wegen des hohen Anteils an hochungesättigter Eicosapentaensäure sehr empfehlenswert.

Diese mehrfach ungesättigten Fettsäuren sind nämlich essentiell, also unersetzbare Fettsäuren, die der Körper ebenso wie die essentiellen Eiweiß-Säuren haben muß, aber nicht selbst herstellen kann. – Es gilt:

Der Fettanteil sollte von den heute üblichen 40% auf 25 bis 30% der Gesamtkalorien herabgesetzt werden, der Anteil an *gesättigten* Fettsäuren (tierische Fette) auf 10% beschränkt, der Anteil an *ungesättigten* Fettsäuren, also z. B. an Sonnenblumen-, Mais- und Sojaprodukten, auf mindestens 15% (bis 20%) erhöht werden.

```
1 Eßlöffel Butter       = 15 g = 155,0 Kalorien
1 Eßlöffel Öl           =  5 g =  46,5 Kalorien
1 Eßlöffel Halbarine    = 15 g =  61,0 Kalorien
1 Eßlöffel Margarine    = 15 g = 122,0 Kalorien
```

Bei Lebensmitteln sollten künftig Angaben über die Herkunft des Fettes, Totalfettgehalt und Gehalt an mehrfach ungesättigten Fettsäuren sowie an Cholesterin für den Laien erkennbar an der Packung angebracht sein. Wir möchten in Zukunft wissen, was wir essen, selbst entscheiden, ob wir ein Risiko eingehen wollen oder nicht. Übrigens: Man diskutiert auch die Entstehung von Brust- und Darmkrebs im Zusammenhang mit fettreicher Ernährung. Also Vorsicht und Vorsorge! Aber: Es gibt leider keine spezifische, sicher wirkende Antikrebsdiät, wenn die Krankheit einmal ausgebrochen ist.

4. Faustregel:
Überlegen Sie bei Kohlehydraten!

Sie haben richtig gelesen: Man soll überlegt Zucker essen, obwohl dieser doch andererseits für die Gehirntätigkeit so notwendig ist. Wie ist das zu verstehen?

Der normale Zucker, den wir als Raffineriezucker kaufen und benutzen, gehört zu den Kohlehydraten ebenso wie auch Fructose (Fruchtzucker), Laktose (Milchzucker), Galactose (Galaktzucker) und Maltose (Malzzucker). Chemisch gesehen ist Raffineriezucker reine Glucose, auch Dextrose genannt, und stellt als solche bereits die Endform des Kohlehydratabbaus dar. Nach dem Genuß wird Zucker in dieser Endform des Abbaus im Magen-Darm-Bereich sehr *schnell* resorbiert, gelangt daher fast sofort in die Blutbahn und steht dort als Energieträger zur Verfügung.

Dies kann wichtig und gut für Hochleistungssportler oder für Schwerarbeiter sein, die in kurzer Zeit z. B. eine gewisse Strecke laufen oder schwere Muskelarbeit verrichten sollen. Der Akzent liegt dabei auf »kurze Zeit« und »schwere Arbeit«. Dies gilt jedoch nicht für den normalen Menschen, der mit der Überflutung des Blutes mit Glucose nichts anfangen kann. Der Körper muß in diesem Fall Zucker aus der Blutbahn nehmen und entweder mittels Insulin abbauen oder speichern; letzteres geschieht teilweise in der Leber durch Umbau in Glykogen.

Der Körper macht aber auch von seiner Möglichkeit Gebrauch, Glucose in der Leber in Neutralfett umzubauen, dies in den skleroseverdächtigen Fettstoffwechsel einzuschleusen und als Fett zu speichern. Hinzu kommt, daß bei zu rascher Resorption auch schnell Insulin ausgeschüttet wird und bald wieder Hungergefühl auftreten kann.

Essen Sie daher die für Ihren Glucosehaushalt, für Ihren Glucoseverbrauch (z. B. im Hirn und bei der Muskelarbeit etc.) notwendige Zuckermenge nicht in Form von Süßigkeiten!

Ein Teelöffel Honig (= 10 g und 30 Kal.) zum Frühstück mag zum Ankurbeln gut sein. Mehr ist nicht für jeden gut!

Faustregel:

> Zucker und Zuckerprodukte sollten maximal 10% der Kohlehydratkalorien ausmachen.

Essen Sie Kohlehydrate, aber in Form der anderen Kohlehydrate, nämlich der Polysaccharide! Das sind Getreideprodukte, Stärkemehl und Pflanzenschleime. Diese Kohlehydrate wird der Körper dann langsam resorbieren und – je nach Bedarf – zu Glucose abbauen.

Ich denke dabei vor allem an Brot. Hier sind die *dunklen Brotsorten,* wie Schwarzbrot, Vollkornbrot, aber auch bei alten Menschen Mischbrot, Bauernbrot etc. den *hellen* Brotsorten Toast, Weißbrot, Brötchen deutlich überlegen, und zwar an Vitamingehalt (B-Vitamine) und an Gehalt von Ballaststoffen für den Darm. Dies gilt speziell für alternde und ältere wie für hochbetagte Menschen und Greise. Gerade diese, insbesondere Greise, dürfen nicht durch Kaufaulheit und Schwierigkeiten mit dem Gebiß nur noch auf Weißbrot ausweichen oder ihre Kalorien gar ausschließlich durch Gries-, Hafer- und Mondaminbreie zugeführt bekommen. Damit würde die allgemeine Verschlechterung des Organismus stoffwechselbedingt weiter vorangetrieben.

Sollte diese Art der Ernährung aber krankheitsbedingt unumgänglich sein, müßten Leinsamen oder Weizenkleie für die Verdauung und Vitamine, z. B. als Vitaminbrausegranulate, zusätzlich gegeben werden, außerdem Eiweißpräparate, wie schon ausgeführt.

100 g Knäckebrot (ca. 10 Scheiben) sind übrigens kalorienhaltiger (380 Kal.) und weniger sättigend als 100 g (ca. 2 große Scheiben) Graubrot (250 Kal.) oder 100 g (ca. 2 große Scheiben) Roggenbrot (240 Kal.). Auch 100 g (2-3 Scheiben) Weißbrot bringen einen höheren Brennwert in den Körper (280 Kal.), ebenso 100 g Brötchen (2 Stück = 278 Kal.) als dunkle Brotsorten. Es leben also das Graubrot, Vollkorn- oder Roggenbrot!

Ich möchte weiterhin besonders die oft geschmähte Kartoffel empfehlen, die ein Gemüse ist, vor allem reich an Vitamin C und wesentlich kalorienärmer als Reis oder Nudeln. Aber auch Reis ist empfehlenswert, besonders unpolierter Reis oder Wildreis, schließlich auch die Teigwaren, wobei ich diese Reihenfolge bewußt einhalte, denn:

100 g Kartoffeln (etwa 1½ Stück)	haben 85 Kal.
100 g Reis unpoliert (ca. 3 Eßl.)	haben 100 Kal.
100 g Reis poliert (ca. 3 Eßl.)	haben 368 Kal.
100 g Teigwaren (Vorsicht – Cholesterin!) 3-4 Eßl.	haben 390 Kal.
100 g Knäckebrot (ca. 10 Scheiben)	haben 380 Kal.
100 g Roggenbrot (2 Scheiben)	haben 240 Kal.

Bei Brot und Backwaren sind unter generellen Gesichtspunkten zu bevorzugen: Grahambrot, Haferbrot, Haferzwieback (Knäckebrot), Kommißbrot, Leinsamenbrot, Pumpernickel, Roggenbrot, Schwarzbrot, Steinmetzbrot, Vollkornbrot, Sojabrot.

Bei Nährmitteln, Teigwaren und Kartoffeln sind zu bevorzugen: Pellkartoffeln, Dampfkartoffeln, Kartoffelschnee, unpolierter Reis, eiweißangereicherte Nudeln.

Muß es aber etwas Süßes sein, um den Magen nützlicherweise »zu schließen«, so wählen Sie unter Obstkuchen, Napfkuchen, Marmorkuchen, Makronen, Löffelbiskuits, Leibnitzwaffeln, Leibnitzkeks, Karlsbader Oblaten, Kissinger Hörnchen, Biskuit, Waffeln, Teegebäck, Spekulatius, Rührkuchen. Meiden Sie Creme- und Sahnetorten.

An Desserts sind Buttermilchspeisen, Gelatinespeisen, Joghurtspeisen und Quarkspeisen zu bevorzugen. Schokolade und Pralinen sind zu fetthaltig. Vergessen werden sollte alles, was mit Fett oder Sahne zusammenhängt. Also bitte *ohne* Sahne!

Im übrigen gehören Gemüse, Obst und Salat in die Gruppe der Kohlehydrate. Der Verbrauch muß also hier kalorisch mit abgerechnet werden, obwohl ich die verschiedenen Sorten unter Vitaminen abhandeln werde.

5. Faustregel:
Essen Sie ausreichend Vitamine!

Vitamine sind ein Lebenselixier. Sie sind für den Stoffwechsel wichtiger, als oftmals angenommen wurde. Vitamine werden für fast alle Umsätze im Gewebe gebraucht, zumeist als Katalysator, das sind Stoffe, die die Umsatzgeschwindigkeit regulieren. Der Vitaminbedarf des Körpers unterliegt Schwankungen, die von Alter, Aktivität, dem spezifischen Stoffwechsel und anderen Faktoren abhängen. Der Körper nimmt sie sich aus allen Nahrungsmitteln, besonders aber aus Kohlehydraten! Die meisten Vitamine sind in Obst, Salat und Gemüse enthalten, aber auch in Tierprodukten.

Obst, Salat und Gemüse sind also nicht *zusätzlich*, sondern *anstatt* zu essen. Zu bevorzugen sind leicht verdauliche Sorten: Artischocken, Blumenkohl, Bohnen, Broccoli, Brunnenkresse, Chicorée, Endivien, Eskariol (Winterendivien), Feldsalat, Fenchel, Gurken (gekocht), Karotten, Kohlrabi, Melone, Rhabarber, Rote Rüben, Sauerampfer, Schwarzwurzeln, Sellerie, Rosenkohl, Sojagemüse, Spargel, Spinat, Teltower Rübchen, Tomaten, Erbsen. Erbsen und Bohnen sind besonders eiweißhaltig. Je älter und individueller ein Körper wird, um so individuellere Unverträglichkeiten wird er jedoch zeigen und berücksichtigt haben wollen. Das muß man akzeptieren.

Hierbei ist auch die Zubereitung sehr wesentlich. Im Fett schwimmende oder in Mehlsauce untergegangene Gemüse sind nicht empfehlenswert, sondern sicher ungesund, sogar für jüngere Menschen. Gemüse sollte am besten im eigenen Saft gedünstet oder mit wenig Wasser gekocht werden, wobei das Wasser danach in Suppe oder Sauce Verwendung finden sollte, um die ausgewaschenen Vitamine zu nutzen. Gemüse sollte man übrigens nicht in kaltem, sondern in kochendem Wasser aufsetzen; der längere Kochprozeß im kalten Wasser wäscht zu viele lebenswichtige Stoffe heraus. Kochen im Dampfschnellkochtopf ist am besten, da sehr vitaminsparend. Das gleiche gilt für das schnelle Garen im Mikrowellenherd. Es gibt ein generelles Kochgebot: *Gesund ist schnelles Kochen mit hohen Temperaturen.*

Kompott, also mit viel Zucker ausgekochtes Obst, mag den kaufaulen Menschen angenehm sein und denen, die bereits überreifes Obst gekauft haben und noch verwerten wollen. Der Gesundheit ist es kaum dienlich. Obst sollte vorzugsweise roh gegessen werden.

Obst, Gemüse und Salat müssen frisch gekauft und vor dem baldigen Verzehr gründlich gewaschen werden, am besten unter warmem, fließendem Wasser, damit chemische Konservierungs- und Düngemittel sicher entfernt werden. Man sollte eine weiche Bürste besitzen, um Tomaten, Pilze u. ä. zu schrubben. Dies gehört zur Hygiene! Ob der heute zunehmende Mineralienmangel allerdings mit dieser Hygiene erkauft wird, ist noch strittig, aber nachdenkenswert.

Deshalb rufe ich dem Hobbygärtner ein »do it yourself!« – »tue es selbst!« zu und wünsche guten Anwuchs für biologisch gedüngten Salat, Gemüse, Obst und Kräuter! Regelgerecht eingefrorenes Obst und Gemüse ist wesentlich gesünder als das im Wasser der Konserve monatelang schwimmende. Voraussetzung ist, daß das Einfrieren schockartig und das Auftauen schnell und zum sofortigen Verbrauch erfolgt. Konservendosen müssen nach dem Öffnen sofort entleert werden, da der Sauerstoff der Luft es gestattet, daß Zinn und Blei sich mit dem Inhalt mischen. Es sollten keine aluminiumhaltigen Küchengeräte benutzt werden, da Aluminium möglicherweise am Entstehen der Alzheimerschen Krankheit mitwirkt.

Hier noch ein Wort zu Suppen, Saucen und Desserts: Die klaren und entfetteten Bouillons und Gemüsebrühen sind empfehlenswert, nicht jedoch die gebundenen Suppen. Man kann eine Bouillon entfetten, indem man mit einem Speziallöffel das tierische Fett abschöpft!

Sahnesaucen, ja auch die Mehlsaucen sollten vergessen werden. Höchstens das Beifügen von etwas Kondensmilch (unter 10%) ist vertretbar. Mit 2 Eßlöffeln Öl (10 g/92 Kal.) zum Anbraten und 3 Teelöffel Kondensmilch (4%) pro Person kann man auch ohne Créme fraiche eine köstliche Sauce machen. Es ist alles Gewohnheitssache und eine Frage der klugen Motivation!

Im übrigen: Man sollte zu jeder Mahlzeit Obst, Gemüse oder Salat essen, also alle drei Sorten täglich, jeweils minimum 100 g.

Zum zweiten Frühstück z. B. Obst, mittags Gemüse, nachmittags Obst, abends Salat.

Nochmals: Obst, Salat und Gemüse sind Kohlehydrate. Im Kalorienfahrplan sind sie unter den Kohlehydraten anzusiedeln, die ca. 40–50% des Gesamtbedarfs an Kalorien je nach Alter ausmachen.

Auf Seite 112 finden Sie eine Aufstellung der Vitaminsorten und worin sie enthalten sind.

Der Vitamingehalt in Obst, Gemüse und Salat schwankt, ist oft vom Reifegrad der Frucht abhängig und von der Zeit, die zwischen Ernte und Verzehr vergeht. In drei Tagen kann er sich schon halbiert haben.

Im Grunde ist er für den Normalverbraucher unberechenbar. Keiner kann genau selbst ermitteln, ob er nahrungsbedingte Vitaminfehler begeht.

Vitamine – Bedarf und Vorkommen

Vitamin	Bedarf	enthalten in:
A	0,8– 1,1 mg/Tag	Karotin: Eigelb, Süßwasserfische, Milch, Herz, Niere, Karotten, Pfirsiche, Aprikosen, Orangen, grünes Gemüse, Tomaten
B1	0,6– 1,5 mg/Tag	Thiamin: Hefe, Getreidearten, Kartoffeln, Milch, Fleisch, grünes Gemüse
B2	0,7– 1,8 mg/Tag	Riboflavin: Trockenhefe und Leber, Milch, Käse, Eier, Getreide, Gemüse
B3	8,0–20,0 mg/Tag	Niacin: Hefe, Leber, Geflügel, Pilze, Fleisch
B4	5,0– 8,0 µg/Tag	Folsäure: Leber, Hefe, Vollkornbrot, grünes Blattgemüse
B5	5,0– 8,0 mg/Tag	Panthotensäure: Weizenkeime, Eier, Pilze, Schweinefleisch, Hefe
B6	0,7– 2,1 mg/Tag	Pyridoxin: Leber, Eier, Hefe, Getreide, Kartoffeln, Blattgemüse, Lachs
B12	2,5– 5,0 µg/Tag	Cobalamin: Käse, Leber, Ei, Milch, Heringe
C	55,0–75,0 mg/Tag	Ascorbinsäure: Obst, Hagebutten, Citrusfrüchte, Erdbeeren, Gemüse (auch die Kartoffel ist ein Gemüse)
D	5,0–10,0 µg/Tag	Calciferol: Lebertran, Buttermilch, Eigelb, Milch, Aal, Sardinen
E	5,0–12,0 mg/Tag	Tocopherol: Pflanzenöle (mit Ausnahme von Oliven- und Erdnußöl)
F		Linolsäure: ist kein Vitamin
K	1,3– 1,5 mg/Tag	grüne Pflanzen und Leber, Tomaten

Soll der alternde oder der alte Mensch deshalb zusätzlich Vitaminpillen essen?

Es heißt: Normale Mischkost enthält für jedermann, auch für den Greis, genügend Vitamine. Was aber ist normale Mischkost? Wer ißt sie wirklich? Und wer spaltet die Vitamine normal im Darm auf, resorbiert noch normal? – Das sind Fragen, die nur vage beantwortbar sind. Es ist daher für alternde und alte Menschen vertretbar, »sicherheitshalber« trotz guter Mischkost laut unserer Faustregel folgendermaßen zu substituieren:

Täglich 1 g Vitamin C, 400 mg Vitamin E und eine Kapsel eines handelsüblichen Multivitamin-Präparats.

Bevorzugen sollten Sie solche Multivitamin-Präparate, die auch Mineralien enthalten. Diese Mineralien heißen auch »anorganische« Vitamine und sind für den Organismus ebenso wichtig wie die organischen Vitamine. In Heimen und Gemeinschaftsküchen mag die Kost im allgemeinen nicht ausreichend vitaminhaltig sein; auch nicht, wenn Hochbetagte für sich selber kochen.

Hochbetagten und Greisen empfehle ich täglich durchgehend zwei Multivitamin-Kapseln oder Granulat, zusätzlich 2 g Vitamin C pro Tag. Die Notwendigkeit der zusätzlichen Gabe von Vitamin A kann der Augenarzt ermitteln. Sprechen Sie im Zweifelsfall mit ihm. Lassen Sie den Vitamin A-Spiegel gelegentlich kontrollieren, um Überdosierungen zu vermeiden.

Vitamin E kann (laut Prof. Böhlau) als echtes, zellspezifisches Vitamin gegen Altern und Krankheiten gelten, nicht schaden, nur nutzen. Also nehmen Sie es getrost zusätzlich (200–400 mg pro Tag). Es gibt auch zunehmend Hinweise, daß Vitamin E-Mangel häufig bei Krebskranken auftritt, daß Vitamin E also wichtig gegen Krebs sein kann. Dies gilt auch für Vitamin C, welches Nitrosaminbildung und daher Magenkrebs verhindern hilft.

Die Vitamine A, D, E und K sind fettlöslich, können daher nicht im Urin ausgeschieden und deshalb auch überdosiert werden. Bei E und K ist dies zu vernachlässigen, da noch niemals nachgewiesen, nicht aber bei Vitamin A und D; hier treten auf: Kopfschmerz, Haarausfall, Knochenschmerzen (Vit. A) und Müdigkeit, Gliederschmerzen (Vit. D). Eine besondere Vitamin D-Empfindlichkeit besteht im Alter. Vitamin D braucht zur Aktivierung im Körper Sonnenbestrahlung der Haut.

Allein, und zumindest deshalb, ist der tägliche Spaziergang oder Aufenthalt im Freien wichtig. Beide Vitamine (A und D) können im Blut gemessen werden, ihre Überdosierung festgestellt werden.

(Öle verlieren übrigens 10% Vit. E-Wirkung pro Monat bei Lagerung bei 20 Grad. In 10 Monaten ist also der Vitamin E-Wert der Pflanzenöle gleich Null. Also nur kleine Mengen kaufen und auf Herstellungsdatum achten!)

Außerdem sollte mit dem Hausarzt erwogen werden, sich eine Ampulle eines Vitamin B-Mischpräparats alle ein bis vier Wochen i.m. (intramuskulär) injizieren zu lassen. B-Vitamine sind für den Stoffwechsel – insbesondere der Nerven – von großer Bedeutung. Besonders Vitamin B_{12} wird im hohen Alter oft vom Magen-Darm-Trakt – in Pillenform – nicht mehr ausreichend resorbiert. Der alte Mensch verliert diese Fähigkeit oftmals. Die Folge ist die perniziöse Anämie, eine im Alter nicht seltene Erkrankung, die u. a. allgemeines Nachlassen zur Folge hat.

Empfohlene Mineralienzufuhr pro Tag

	Calcium mg		Phosphor mg		Magnesium mg		Eisen mg		Jod µg	Zink mg	
	m	w	m	w	m	w	m	w[4]			
Kinder											Kinder
1– 3 Jahre	600		600		140			8	100	8	1– 3 Jahre
4– 6 Jahre	700		700		200			8	120	10	4– 6 Jahre
7– 9 Jahre	800		800		220			10	140	12	7– 9 Jahre
10–12 Jahre	1000	900	1000	900	280	250	12	18	180	12	10–12 Jahre
13–14 Jahre	1000	900	1000	900	330	300	12	18	200	15	13–14 Jahre
Jugendliche und Erwachsene											Jugendliche und Erwachsene
15–18 Jahre	900	800	900	800	400	350	12	18	200	15	15–18 Jahre
19–35 Jahre		800		800	350	300	12	18	200	15	19–35 Jahre
36–50 Jahre		800		800	350	300	12	18	180	15	36–50 Jahre
51–65 Jahre		800		800	350	300	12	12	180	15	51–65 Jahre
über 65 Jahre		800		800	350	300	12	12	180	15	über 65 Jahre

Mineralien und Spurenelemente wie Calzium, Chrom, Eisen, Fluor, Jod, Kalium, Kobalt, Kupfer, Magnesium, Mangan, Natrium, Nickel, Phosphor, Selen, Silizium, Vanadium, Zink und Zinn sollten möglichst gleichzeitig verabreicht werden, sie dürfen in der Nahrungskunde nicht vernachlässigt werden, auch sie sind essentiell, wenn auch noch weitestgehend unerforscht. Soweit bekannt, brauchen Alternde, Alte und Hochbetagte wie Greise sogar mehr von einigen dieser Stoffe als jüngere Menschen. Siehe Tabelle Seite 115. Ob sie in Tabletten in geeigneter Form dargebracht werden, ist auch noch fraglich. Sie brauchen nämlich organische Stoffe (sogenannte Liganden), wahrscheinlich aus tierischem Eiweiß, um biologisch verfügbar zu werden. Einige sind Antagonisten, die sich gegenseitig verdrängen, so etwa Calzium und Magnesium; sie sollten daher gleichzeitig genommen werden.

Da es bei Elektrolyten auch zu lebensgefährlichen Störungen durch ein Zuviel im Alter (wegen Organschäden vor allem an Herz und Nieren) kommen kann, ist wildwuchsartige Substitution zu vermeiden. Gehen Sie lieber zu Ihrem Arzt und lassen Sie ihren wirklichen Bedarf im Labor kontrollieren, bevor Sie substituieren, dann substituieren Sie, aber richtig!

6. Faustregel:
Würzen Sie kräftig!

Endlich kann man, ja soll man, aus dem Vollen schöpfen, das Füllhorn der Gewürze über die Speisen fröhlich ausschütten! Sie heißen Pfeffer, Beifuß, Bohnenkraut, Basilikum, Anis, Knoblauch, Ingwer, Fenchel, Estragon, Dill, Curry, Koriander, Meerrettich, Majoran, Lorbeer, Liebstöckel, Lauch, Kümmel, Sellerie, Salbei, Schnittlauch, Nelke, Muskatnuß, Mohn, Minze, Zitronenmelisse, Zimt, Weinessig, Wacholder, Vanille, Thymian, Senf. Es gibt aber eine Ausnahme: *Salz*.

Die meisten Nahrungsmittel enthalten bereits genügend Salz für den Körper, also ist es nicht nötig, in der Küche beim Kochen zusätzlich stark zu salzen, vorausgesetzt, man lebt nicht etwa in einer heißen Klimazone und verliert täglich literweise salzhaltigen Schweiß – und voraugesetzt, man ist kein Hypotoniker! Die Hypotoniker brauchen Salz im Gegensatz zu den Hochdrucklern. Da in Deutschland aber viel Salz verbraucht wird, sollte man sich lieber zurückhalten. Streng salzlose Kost gilt jedoch auch für Hochdruckler neuerdings als sinnlos. Jodiertes Salz ist vorzuziehen, da es Kropfentstehung vermeiden hilft. Außer Salz sind alle Gewürze erlaubt, die der einzelne verträgt. Zwiebeln blähen leicht, bei Pfeffer tritt gelegentlich Allergie auf, desgleichen bei Glutamat. Individuellen Unverträglichkeiten sollte man immer Rechnung tragen.

Speziell in der Altersküche sollten jedoch Gewürze reichlich benutzt werden, denn manche Appetitlosigkeit, manche Austrocknung schwindet mit einem stärker gewürzten und besser schmeckenden Essen, nach oder zu dem man auch lieber Flüssigkeit zu sich nimmt. Vielen Appetitlosen fehlt nur ein echter Appetizer oder eine raffiniert gewürzte Speise – auch im Alter.

7. Faustregel:
Nehmen Sie genug Flüssigkeit zu sich!

Auch hier gibt es kaum Einschränkung, aber viel Anregung: Trinken Sie mindestens zwei Liter Flüssigkeit pro Tag, da die Körperumsätze sich im feuchten Milieu abspielen. Wasser wird zwar auch durch die Haut ausgeschieden (mittels Schweiß), durch die Lunge (mittels Ausatmung) und durch den Darm (mittels Stuhl); die Hauptausscheidung erfolgt aber durch die Nieren in Form des Urins. Die Nieren haben dabei die Aufgabe, sogenannte harnpflichtige Substanzen aus dem Blut herauszufiltern. Sie können dies mit viel Wasser leichter erledigen als mit weniger Wasser, besonders im Alter. Die Nierenkonzentrationsfähigkeit erlischt nämlich relativ früh.

Was getrunken wird, ist ziemlich gleichgültig, solange Sie nicht die Gesamtmenge in Alkohol oder hochkonzentrierten Fruchtsäften anlegen wollen! Alkohol sollte nicht gewohnheitsmäßig täglich getrunken werden, sondern sollte auf besondere Anlässe beschränkt bleiben. Die Zahl der Trinker, die bald nicht mehr nur in Gesellschaft trinken, sondern Konflikttrinken und schließlich Gewohnheits- und Suchttrinken betreiben, ist immens. Der Schritt zur Abhängigkeit ist oftmals klein, und mit der Abhängigkeit kommen Organschäden (Herz, Leber, Nerven, Magen, Hirn) und schließlich der Persönlichkeitszerfall.

Genauer gesagt gilt folgendes Limit: Männer sollten nicht mehr als *60 g 100%igen Alkohol* an einem Tag trinken (= ca. 600 ml 10%igen Weins oder ca. 750 ml 8%igen Weins oder 120 ml 50%igen Schnaps). Frauen sollten nicht mehr als *40 g 100%igen Alkohol* an einem Tag trinken (= ca. 400 ml 10%igen Weins oder ca. 500 ml 8%igen Weins oder 80 ml 50%igen Schnaps).

Nicht nur, daß Ihre Leber sich bedankt; auch die Apoplexie-Rate sinkt, es treten weniger Filmrisse im Gedächtnis auf etc.

Hier sei im übrigen an die Mormonen und Quäker in Utah (USA) und Neuengland erinnert, welche auf Nikotin und Alkohol gänzlich verzichten und statistisch deutlich (6 Jahre) älter werden als US-Bürger in anderen Bundesstaaten. Aber ich möchte nicht als Gegner des Alkohols gelten: Trinken Sie mit Maßen und mit Pausen, also nicht täglich, aber mit Genuß einen guten Tropfen, z. B. am Wochenende. Glauben Sie mir: Es gilt auch für den Alkoholgenuß, daß die Lebensqualität zunimmt, wenn man in Maßen lebt!

Als Getränke besondes empfohlen seien die kohlensäurehaltigen Mineralwasser, da die Kohlensäure stoffwechselanregend wirkt und die Aufnahme von Mineralien und Elektrolyten im Organismus gefördert wird. Besonders empfehlenswert sind natriumarme, aber kalium- und magnesiumreiche Mineralwaser. Lesen Sie die Analyse auf den Flaschen; gesüßte und koffeinhaltige Limonaden und Obstsäfte sind kalorienreich, die Kohlehydrat-Kalorien müssen berechnet werden! Daß ¼ Liter Milch auch ein Cocktail für das Gehirn ist, wurde schon erwähnt.

Aber es soll auch eine Bresche für »echten« Kaffee und »schwarzen« Tee geschlagen werden, die Nationalgetränke der Europäer. Die morgendliche Tasse Kaffee oder Tee ist sicher das beste Kreislaufmittel, um in Gang zu kommen und um mit dem auf diese Weise angekurbelten Kreislauf auch das Gehirn auf Empfang zu stellen, es sozusagen morgens wieder anzuknipsen. Dies gilt besonders für alternde, alte und hochbetagte Menschen, ja Greise, deren oftmals vorgeschädigte Gefäße mehr Druck zur Perfusion, zum Stoffaustausch brauchen und denen oft die koffeinhaltige Tasse Kaffee aus falschem Gesundheitsbewußtsein verweigert wird. Koffein ist ein ausgezeichnetes Antihypotonikum, und nicht jeder alte Mensch hat einen Hochdruck. Man muß differenzieren. Mehr als drei bis vier Tassen Kaffee am Tag sollte man aber nicht trinken, da sonst u. a. der Cholesterinspiegel steigt. (Gilt nicht für Tee.)

Zur Zusammenfassung der Eß-Strategie rekapitulieren wir:

1. Stellen Sie einen Kalorien- oder Energieplan auf.

2. Halten Sie sich daran.

3. Essen Sie täglich 0,8–1 g Eiweiß pro Kilogramm des Körpergewichts, das Sie halten wollen.

4. Essen Sie höchstens 25% Ihres Energieplans in Form von Fett, höchstens 10% in Form von tierischem Fett.

5. Essen Sie die restlichen Kalorien in Form der Kohlehydrate, aber nur 10% Zucker, Honig oder andere Süßigkeiten.

6. Essen Sie täglich Obst, Salat, Gemüse.

7. Trinken Sie viel Mineralwasser.

Diätplan/-Vorschlag für einen Tag	
Frühstück	100 g Brot 20 g Butter 50 g Marmelade 100 g Quark 10 g Honig 250 ml Milch 400 ml Kaffee 3 Teelöffel Leinsamen
2. Frühstück	Apfel (100 g) 300 ccm Sprudel
Mittagessen	120 g Fleisch (in Öl gebraten; 15 g) 150 g Kartoffeln 100 g Erbsen 100 g Apfelsine 400 ccm Sprudel
Nachmittags	Orange (100 g) 300 ccm Tee
Abendessen	50 g Brot 20 g Margarine 150 g Kräuterquark Salat (mit 5 g Öl zubereitet) 400 ccm Sprudel

Individueller Energieplan

Name: **Anne**

Setzen Sie Ihre Werte ein!
Alter: **55** Jahre Größe: **172** cm Gewicht: **75** kg (z. Zt.) Geschlecht m/y
Sollgewicht: Größe **172** cm minus 100 minus 15 % **61,2** kg / oder Wunschgewicht
Beruf: **Sekretärin** Arbeitsumfang **30** %
Energieplan in Kalorien = Sollgewicht **61,2** kg × 20 für Frauen

_____ kg × 25 für Männer
+ Arbeitskalorien (= 0–100 % d. Sollkal.) = **1632**
Gesamtkal.

Dabei folgende Nahrungsdichte:
EIWEISS **61,2** kg Sollgewicht × 1 g Eiweiß pro Tag **61,2** g (mindestens)

Eiweißträger	Menge in g	reines Eiweiß	Kalorien
Fleisch	120	26 g	
Fisch			
Käse*			
Magerquark	200	24 g	
Milch			
Wurst	20	3 g	(bei Fett berechnen)
Kohlen-hydratanteil		11 g	(bei Kohlen-hydraten berechnen)
Gesamtmenge A		64 g	**371** Kal.

*Der Eiweißgehalt aller Käsesorten muß bei EIWEISS berechnet werden; die Kalorien der Käsesorten unter 30 % ebenfalls bei EIWEISS, die der fetteren Sorten bei (tierischem) FETT.

FETT insgesamt 25 % der Gesamtkalorien d. Energieplans **408** Kal.
davon ca. 10 % der Gesamtkalorien d. Energieplans tierisches Fett **163** Kal.

Fett-Träger (tierisches Fett)	Menge in g	Kalorien
Butter	10	77
Speck		
Wurst	20	50
Schmalz		
Käse		

die restlichen 15 % d. Energieplans pflanzliches Fett   __245__ Kal.

Fett-Träger (pflanzl. Fett)	Menge in g	Kalorien
Öl	15	139
Margarine	20	152
Gesamtmenge B		

__418__ Kal.

KOHLENHYDRATE 10 % der Gesamtkalorien d. Energieplans   __163__ Kal.

Kohlenhydratträger	Menge in g	Kalorien
Zucker		
Honig	10	30
Marmelade	50	130
Schokolade etc.		
Gesamtmenge C		

__160__ Kal.

Die bisher ermittelten Gesamtmengen A, B und C können nun addiert werden   __949__ Kal.
und von der Gesamtkalorienmenge des Energieplans abgezogen werden.

Die Restsumme steht für die anderen Kohlenhydrate zur Verfügung   __683__ Kal.

Nahrungsmittel	Menge in g	Kalorien
Brot	100	239
Kartoffel	150	127
Obst	300	143
Gemüse	100	93
Salat	100	15
Teigwaren		
Reis		

Rechnen Sie im übrigen nicht sklavisch genau, sondern überschlagsweise, sonst macht es keinen Spaß! Wenn es aber einmal etwas mehr sein soll, geben Sie Kohlenhydrate dazu.

Niemand erwartet, daß Sie täglich solche Pläne erstellen. Ein bis zwei Pläne genügen, um Fehler in der Eß-Strategie zu erkennen und zu korrigieren.

Individueller Energieplan

Name: _____

Setzen Sie Ihre Werte ein!

Alter: _____ Jahre Größe: _____ cm Gewicht: _____ kg (z. Zt.) Geschlecht m/w

Sollgewicht: Größe _____ cm minus 100 minus 15 % _____ kg / oder Wunschgewicht

Beruf: _____ Arbeitsumfang _____ %

Energieplan in Kalorien = Sollgewicht _____ kg × 20 für Frauen

_____ kg × 25 für Männer

+ Arbeitskalorien (= 0–100 % d. Sollkal.) = _____

Gesamtkal.

Dabei folgende Nahrungsdichte:

EIWEISS _____ kg Sollgewicht × 1 g Eiweiß pro Tag _____ g (mindestens)

Eiweißträger	Menge in g	reines Eiweiß	Kalorien
Fleisch			
Fisch			
Käse*			
Magerquark			
Milch			
Wurst			(bei Fett berechnen)
Kohlen-hydratanteil			(bei Kohlenhydraten berechnen)
Gesamtmenge A			_____ Kal.

*Der Eiweißgehalt aller Käsesorten muß bei EIWEISS berechnet werden; die Kalorien der Käsesorten unter 30 % ebenfalls bei EIWEISS, die der fetteren Sorten bei (tierischem) FETT.

FETT insgesamt 25 % der Gesamtkalorien d. Energieplans _____ Kal.

davon ca. 10 % der Gesamtkalorien d. Energieplans tierisches Fett _____ Kal.

Fett-Träger (tierisches Fett)	Menge in g	Kalorien
Butter		
Speck		
Wurst		
Schmalz		
Käse		

die restlichen 15 % d. Energieplans pflanzliches Fett _____ Kal.

Fett-Träger (pflanzl. Fett)	Menge in g	Kalorien
Öl		
Margarine		
Gesamtmenge B		

_____ Kal.

KOHLENHYDRATE 10 % der Gesamtkalorien d. Energieplans _____ Kal.

Kohlenhydratträger	Menge in g	Kalorien
Zucker		
Honig		
Marmelade		
Schokolade etc.		
Gesamtmenge C		

_____ Kal.

Die bisher ermittelten Gesamtmengen A, B und C können nun addiert werden _____ Kal.
und von der Gesamtkalorienmenge des Energieplans abgezogen werden.

Die Restsumme steht für die anderen Kohlenhydrate zur Verfügung _____ Kal.

Nahrungsmittel	Menge in g	Kalorien
Brot		
Kartoffel		
Obst		
Gemüse		
Salat		
Teigwaren		
Reis		

Rechnen Sie im übrigen nicht sklavisch genau, sondern überschlagsweise, sonst macht es keinen Spaß! Wenn es aber einmal etwas mehr sein soll, geben Sie Kohlenhydrate dazu.

Niemand erwartet, daß Sie täglich solche Pläne erstellen. Ein bis zwei Pläne genügen, um Fehler in der Eß-Strategie zu erkennen und zu korrigieren.

8. Faustregel:
Treiben Sie Sport!

Hiermit sind wir nun bei den *Ausgaben* der Bilanz angelangt.

Zur vollständigen Bilanz im Geschäftsleben gehören ja auch nicht nur die Einnahmen, sondern ebenso die Ausgaben. Beim Menschen heißen Ausgaben hauptsächlich Stuhl, Urin, Bewegung. *Bewegung* ist nicht nur für unsere Stoffwechselbilanz, sondern darüber hinaus auch für die Durchblutung wichtig. Bewegen sich die Beinmuskeln, so helfen sie, Blut aus den Beinvenen herzwärts zu drücken: Es gibt weniger gestaute, nämlich angeschwollende Beine, weniger Beinvenenentzündungen und mehr Flüssigkeit im Körperkreislauf. Atmung und Herztätigkeit werden angeregt, die Sauerstoffaufnahme erhöht. Außerdem wird die körpereigene Abwehr gegen Infektionen gestärkt. Bei Bewegung können sämtliche Muskeln in der Peripherie des Körpers, die Haut, ja auch das Herz stärker durchblutet werden; es setzen sich weniger Stoffwechselprodukte ab, auch die Gelenke bleiben geschmeidig; darüber hinaus wird der Stoffwechsel selbst verändert. Es werden unter anderem mehr Prostaglandine und mehr HDL gesundheitsfördernd gebildet.

Körperliche Inaktivität führt unter anderem zu Störungen der Kreislaufregulation und zu vegetativen Störungen, kann Fettstoffwechsel-Störungen und Diabetes mellitus hervorrufen.

So wirkt Bewegung segensreich auf Fettstoffwechselstörungen und Adipositas, aber auch auf Zuckerkrankheit (Diabetes mellitus) und Gicht (Arthritis urica durch Hyperurikämie). Bei der Bewegung wird außerdem Energie verbraucht, die wir in Kalorien zu messen gelernt haben, welche durch Nahrung vorher zugeführt wurden. Entsteht hier ein Mißverhältnis, würden wir uns weniger oder gar nicht bewegen, so würde der Körper gezwungen sein, möglichst viele unverbrauchte Energie an verschiedenen Stellen, vorzugsweise als Fett, abzulagern. So kann Fettsucht (Adipositas) mit verursacht werden. Nun scheinen heutzutage die meisten Menschen unter »Bewegung« Autofahren oder Aufzugfahren zu verstehen. Bewegung bedeutet aber etwas Aktives, zumindest spazierengehen, nicht spazieren-schleichen, wandern oder treppensteigen – am wirkungsvollsten aber ist *Sport treiben*. Andererseits ist nichts gefährlicher als unüberlegt und unerfahren etwa zum Marathonlauf aufzubrechen, oder auch nur zum Joggen. Ich selbst habe bereits zwei Jogger auf ihrem Pfad als Notarzt versorgen müssen, davon einen vergeblich: Er war bereits tot!

Mißverstehen Sie mich nicht: Es ist sehr gesund, *lebenslang* Sport zu treiben, aber in richtigen Maßen und *altersgerecht,* sonst müßte es besser heißen: Sport = Mord.

Junge können *Hochleistungssport* treiben, sollen es auch, um neben dem körperlichen Training der Organe auf Schnelligkeit und Kraft die seelische Herausforderung zu spüren und zu beantworten, ganz abgesehen von der leistungsanspornenden, geselligen Komponente. Dem alternden und alten Menschen dagegen gehört die Domäne des *Ausdauersports*. Man versteht darunter solche Sportarten, bei denen viele Muskelgruppen, nämlich mindestens ein Sechstel der Skelettmuskulatur, dynamisch, das heißt im Wechsel zwischen An- und Entspannung, bewegt werden, um zumindest den vorhandenen Leistungsstand des gesamten Organismus zu erhalten oder sich Reserven zu verschaffen, durch Anpassung an erhöhte Leistung. Kein alternder, alter oder gar hochbetagter Mensch sollte etwa plötzlich springen, hürdenlaufen, stabhochspringen, kugelstoßen, gewichtheben, 100 m-Lauf üben etc., also Sport betreiben, der in kurzer Zeit viel Anstrengungen und Kraft verbraucht – eben Hochleistungssport. Dieser ist der Jugend vorbehalten, in der die Organe noch ganz anders durch sportliche Leistung trainiert, sprich verbessert werden können.

Statische Belastungen wie Turnen, Gewichtheben oder Boxen sind wegen der dabei entstehenden Blutdruckerhöhung und Preßatmung besonders ungeeignet.

Ein altes oder gar hochbetagtes Organ kann man meist nicht mehr echt trainierend verbessern, aber man kann es an gering erhöhte Forderungen anpassen! Das sollte man auch. Es muß dabei aber vermieden werden, sich – koste es was es wolle – an die Wunschvorstellungen von sich selbst anzupassen. Schon Alternde, erst recht Alte müssen realistisch bleiben, und die Realität heißt Ausdauersport. Jeder über 50jährige sollte daher versuchen, daß er möglichst den Anschluß an den Ausdauersport bekommt.

Auch Ausdauersport ist nicht für jedermann. Es gibt Menschen, die *überhaupt keinen* Sport treiben sollten, und solche, die *vorübergehend keinen* Sport treiben sollten, um ihre Gesundheit nicht zu schädigen.

Fangen wir bei denen an, die keinen Sport treiben sollten. Dazu gehören Menschen mit einer sogenannten manifesten Herzinsuffizienz, die also aufgrund eines Herzleidens dicke Beine oder/und Luftnot bei Bewegung oder gar in Ruhe haben; Menschen, die bereits in Ruhe starken Druck oder Herzschmerz (Angina pectoris) haben; Menschen, die ein Lungenleiden mit sekundärer Herzschädigung haben (cor pulmonale); Menschen, die unter körperlicher Belastung salvenartige Extraschläge des Herzens aufweisen, welche nicht auf Medikamente ansprechen; oder Menschen, die eine höhergradige untherapierbare Blockierung ihres Reizleitersystems am Herzen haben. Ferner Menschen mit einem nicht behandelbaren Hochdruckleiden, und solche, die an schwerwiegenden angeborenen oder erworbenen Herzfehlern (Vitium cordis) leiden.

Alle Menschen, die an akuten oder chronischen Infekten leiden, sollten bis zum völligen Verschwinden der entzündlichen Symptome, oder denen einer begleitenden Reaktion des Herzmuskels, vorübergehend auf Sport verzichten. Das Gleiche gilt für Menschen mit unbehandeltem Herzstolpern (Extrasystolen) und tachykarden (schnellen) Formen von Herzvorhofflattern oder -flimmern bis zum Einsetzen der Medikamentenwirkung soweit die Beschwerden bei körperlicher Arbeit auftreten oder zunehmen. Nach Operationen an tiefen Venenthrombosen ist eine vierteljährliche Pause ebenso ratsam wie grundsätzlich nach Operationen und Unfällen und bei Menschen mit unbehandeltem Bluthochdruck, dessen Werte beim Sport systolisch über 230 und/oder diastolisch über 120 ansteigen. Zustand nach Schlaganfall: bis zu sechs Monaten Sportpause; Zustand nach Herzinfarkt: bis zu vier Monaten.

Alle anderen Menschen sollten sich altersgerecht sportlich betätigen.

Welche Sportarten sind nun empfehlenswert?

Es kommen in Betracht: Jogging, Radfahren (auch am Standrad), Schwimmen, Basketball, (Ski-) Langlaufen, Rudern (auch an Geräten), eventuell Eislaufen, große Wanderungen (auch bergauf), Tanzen und Volleyball. Beim Jogging ist zu beachten, daß es in geeignetem Schuhwerk auf geeigneten Wegen (am besten auf Waldwegen, wegen der Gefahr der Gelenkverletzungen) geschehen sollte. Jogging bedeutet im übrigen etwas anderes als Langlauf! Es sollte nämlich in einem

Tempo geschehen, welches noch ein Gespräch zwischen zwei Joggern erlaubt.

Radfahren ist wetter- und landschaftsabhängig, es kann auch auf dem Standrad oder Ergometer sehr empfehlenswert sein, aber am offenen Fenster und nicht am offenen Fernseher! Dies gilt auch für das Rudern im Boot oder auf einem Rudergerät. Beide Sportarten sind im übrigen für stark übergewichtige Menschen sehr zu empfehlen, da das Gewicht auf den Sattel oder den Rollsitz und weniger auf die Wirbelsäule drückt.

Schwimmen sollte bei Wassertemperaturen von mehr als 20 Grad erfolgen (bei Gelenkkranken bei ca. 30 Grad). Es ist sehr gesund, da alle Gelenke – durch den Wasserauftrieb entlastet – harmonisch und leichter bewegt werden können.

Besonders hervorheben möchte ich den Gesellschaftstanz, da zusätzlich zu einer gewissen sportlichen Ertüchtigung auch noch der gesellige Kontakt gepflegt wird und ein zumeist besonders positives Gruppenerlebnis entsteht. Dies gilt ganz besonders für den Alterstanz der Hochbetagten und der Greise. Ich möchte auch an Tanztherapien erinnern, als Möglichkeit gegen seelisch-körperliche Störungen.

Gering ist der Gesundheitseffekt für den Gesamtkörper bei Sportarten, die vorzugsweise nur die Beweglichkeit der Gelenke üben. Trotzdem ist die regelmäßig geübte Gymnastik zur Erhaltung der Beweglichkeit des Körpers – gewissermaßen als Schmieröl für Gelenke und Wirbelsäule – sehr gut und wichtig. Morgens reichen oft schon 5 Minuten, um in Gang zu kommen und bis ins Greisenalter auch zu bleiben. Gymnastik ist im allgemeinen jedoch kein Sport. Golf und Reiten bringen leider ebenso kaum eine meßbare Leistungssteigerung. Ähnlich verhält es sich auch mit Liegestützen, morgendlichen Kniebeugen und leider auch dem alpinen Skilauf. Auch beim Ausdauersport muß mit einer Uhr vorgegangen werden, jedoch nicht wie im Hochleistungssport mit einer Stoppuhr zur Zeitabnahme im Wettkampf mit anderen, sondern zur Pulsabnahme als Kontrolle der eigenen Leistungsbelastung!

Der Puls wird an der Halsschlagader am günstigsten kontrolliert, wobei die rechte Hand an die linke Halsschlagader greifen soll. Dann kann man den Sekundenzeiger der Uhr am linken Handgelenk beobachten.

Es sollte entweder ein *Dauertraining* oder ein *Intervalltraining* vorgenommen werden. Dauertraining heißt entweder täglich ein- bis zweimal 10 Minuten oder einmal circa 20 Minuten. Intervalltraining hieße zumindest zwei- bis dreimal wöchentlich 20 bis 30 Minuten. Intervalle während des Trainings sollten ein bis drei Minuten dauern.

Als Faustregel sollte der Untrainierte mit einminütigen Übungen beginnen und diese täglich um 1 Minute steigern, bis die gewünschte Herzschlagfolge erreicht ist. Bei Alternden sollte die Herzschlagfolge 180 minus Lebensjahre erreicht werden.

Bei alten Menschen sollte ruhig eine Herzfrequenz von 170 minus Zahl der Lebensjahre auftreten, ja wenn möglich erreicht werden.

Die Herzfrequenz sollte 200 Schläge minus Lebensalter jedoch nie übersteigen!

Wer aber ein Leben lang Tennis gespielt hat, sollte unbedingt weiterspielen; das gleiche gilt für Fußball, Handball etc. oder gar Langstrecken- oder Marathonlauf, wenn es von Jugend an lebenslang weitergeführt wird.

Die Wichtigkeit des Sports sollte vor allem den Frauen vor Augen geführt werden, die eher als Männer zur Knochenerweichung neigen, gegen die auch der Sport eingesetzt werden kann. Sportler sollten ihre Muskulatur mit Lockerungsübungen vorher erwärmen, ebenso danach ausklingen lassen. So betrieben kann auch der Hochbetagte, ja der Greis noch Sport treiben und an sich die Wirkung der alten Weisheit spüren: *Mens sana in corpore sano* – Ein gesunder Geist lebt in einem gesunden Körper. Nachdem neuere Untersuchungen ergeben haben, daß das Trainieren des Gedächtnisses bei Sporttreibenden zu besseren Leistungen führt, erhält dieses Sprichwort neuen Glanz.

BEISPIELE	
Anne – 55 Jahre:	180 – 55 = 125 Herzschlag wünschenswert (jedoch nicht über 145)
Hans – 66 Jahre:	170 – 66 = 104 Herzschlag wünschenswert (jedoch nicht über 134)
Else – 76 Jahre:	170 – 76 = 94 Herzschlag wünschenswert (jedoch nicht über 124)
Fritz – 85 Jahre:	bettlägerig, Gymnastik
Maren – 45 Jahre:	190 – 54 = 145 Herzschlag wünschenswert (jedoch nicht über 155)

9. Faustregel:
Sorgen Sie für Verdauung!

Auf die Ausgabenseite der Stoffwechselbilanz gehört auch die Verdauung. Bei vielen Menschen stellt sie im hohen Alter das Zentrum des Denkens dar. Leider! Was ist nun beim Stuhlgang normal?

> Jeder Stuhlgang zwischen dreimal täglich und jeden dritten Tag ist im Normbereich, aber regelmäßig geformt, und in der Konsistenz nicht wechselnd!

Je älter der Mensch wird, je bequemer wird er oftmals, ja auch kaufauler – aber um so öfter ist er auch mit schlechten Zähnen oder schlechtsitzenden Gebissen behaftet. Der falsche Ausweg ist dann oft die Umstellung der Kost auf weichere, gar auf Breikost.

Die Verdauung beginnt jedoch nicht im Magen, sondern bereits in der Küche. Viele Blähungen sind durch falsches Würzen oder blähende Gemüse verursacht, manche Bauchschmerzen entstehen nur durch Platzmangel bei Übergewicht und Freßsucht, manche Verstopfung nur durch ballaststoffarme oder zu weiche Ernährung. Wer aber eine ballaststoffarme, d. h. an unverdaulichem Zellstoff arme Kost oder einseitige, hochkalorische, an Fett und Eiweiß reiche Nahrung ißt, darf sich nicht wundern, wenn er nur selten und wenig Stuhl absetzt, dann auch noch unter großen Beschwerden, und sogar mit der Gefahr von Einrissen und Entstehung von Hämorrhoiden im Enddarm. Langes Verweilen von Stuhl vergrößert dazu die Gefahr, an Darmkrebs zu erkranken.

Es wäre nun falsch, zu den vielen Abführmitteln zu greifen, die alle dem Körper Wasser und Elektrolyte entreißen, insbesondere das für den Stoffwechsel wichtige Kalium. Manche dieser Abführmittel führen gar zur Melanosis der Darmwand, das ist eine fleckige Dunkelfärbung, die auch zu Krebs führen soll!

Darum gibt es nur eine Konsequenz. Sie heißt: Ballaststoffe essen! Ballaststoffe sind unter anderem enthalten in dunklen Brotsorten, wie Roggen- oder Leinsamenbrot, grobem Vollkornbrot, außerdem in Gemüse, Obst und Salaten. Oft genügen diese Nahrungsmittel noch nicht einmal.

Es sollten dann täglich zusätzlich bis zu mehreren Eßlöffeln Leinsamen, Weizenkleie oder ähnliches zugeführt werden. Ich empfehle sie morgens in einem Joghurt oder in ¼ bis ½ Liter Milch aufgeweicht zu sich zu nehmen. Sie binden Wasser an den Stuhl, machen ihn geschmeidig und füllig, so daß die Darmbewegungen (Darmperistaltik) besser angreifen kann. Mehr trinken verhilft oft auch zu mehr Stuhlgang, so etwa ein Glas kaltes Wasser nüchtern vor dem Frühstück!

Im übrigen gilt es, ein Leben lang auch der Körpersprache nachzusinnen. Seelische Komplikationen werden uns nicht nur im Traumbild gezeigt. Auch in zunächst unbewußten und rein körperlich erscheinenden Symptomen spricht die Seele mit uns durch den Körper, wenn wir sie hören wollen, und wenn wir ihre Körpersprache verstehen. Sie begegnet uns nicht nur in einer müden, gebückten Haltung, in einem traurigen Gesichtsausdruck oder in unruhigen, fahrigen Handbewegungen.

Die Verdauung, die Darmfunktion, ist eine der klarsten Sprechweisen für einen geübten Psychosomatiker, einen Arzt, der sich für den engen Zusammenhang zwischen Körper und Seele interessiert. In die Umgangssprache übersetzt, sagt die Verstopfung des Kindes wie die des Erwachsenen, die des alternden, alten und hochbetagten Menschen, ja des Greises dasselbe: »Ich habe zu wenig von der richtigen Nahrung.« – Real gemeint sind Quellstoffe, darüber hinaus aber seelische »Nahrung«, nämlich Zuwendung: »Bei so wenig gebe ich dir auch nichts.« – Es ist eine Regression, ein Rückfall in die Kindheit, in die sogenannte anale Phase der Seelenentwicklung. Sie sollte speziell im Alter, etwa in Altersheimen, nicht mit Schimpfen oder Gleichgültigkeit, sondern eben mit Quellmitteln angegangen werden. Zuwendung ist dabei das beste Quellmittel für die Seele und den seelischen Teil der Verdauung.

Der Schlaf

Jeder vierte Bundesbürger schläft schlecht oder meint zumindest schlecht zu schlafen. Dabei handelt es sich häufiger um Frauen und um Stadtbewohner als um Männer und auf dem Lande lebende Menschen. Am häufigsten handelt es sich um ältere Menschen. Und bei den Älteren wiederum sind es ehemalige Langschläfer, die sich mit einer veränderten Tatsache schlecht abfinden können, die uns alle ereilt:

> Man findet im Alter aufgrund physiologischer Veränderungen nur noch fünf bis sechs Stunden Schlaf! Vor allem *braucht* man auch im Alter nicht mehr Schlaf zur Regeneration!

Was geschieht eigentlich alles mit dem Menschen, während er schläft?

Der normale Schlaf kennt die Einschlafphase, die Leichtschlafphase, dann die mitteltiefe Phase und schließlich die Tiefschlafphase. Dies ist ein Schlafzyklus. Am Ende eines solchen Zyklus träumt der Mensch, sichtbar an schnellen Bewegungen der Augen unter den geschlossenen Augenlidern, Rapid Eye Movement – REM-Phase genannt. Wir haben mehrere solcher Zyklen mit REM-Phasen pro Nacht, jeder Zyklus dauert zwischen 60 und 120 Minuten.

Auch der Schlaf wird vom Gehirn gesteuert, wahrscheinlich von der Stammhirnregion Formatio reticularis, wobei noch Einflüsse von anderen Hirnteilen mit hineinspielen. Auch hier wirken die bereits genannten Neurotransmitter mit: Serotonin vermittelt Schlaf, Noradrenalin Träume und das Aufwachen, die Gamma-Aminobuttersäure (GABA) hat wahrscheinlich die Aufgabe, schlafstörende Verhaltensmuster zu unterdrücken.

Vieles am Schlaf ist jedoch noch im Dunkeln der Natur. Fest steht, daß Atmung und Pulsschlag während des Schlafes in ihrer Frequenz zurückgehen, der Organismus ist auf Ruhe geschaltet. Stoffwechselschlacken werden geringer anfallen, da alle Organe zur Ruhe kommen; das Herz kann Kreislaufstauungen auflösen. In der Tiefschlafphase regeneriert sich der gesamte Organismus physisch, also körperlich. Er macht dies, indem er den Ruhenerv Parasympathikus aus dem Zweigespann der autonomen, selbststeuernden Nerven (die alle inneren, dem Willen entzogenen Organe steuern) über den Kampfnerv Sympathikus überwiegen läßt. Dies ist innerhalb einiger Grenzen normal und wird gegen Morgen anders. Dann treten wir wieder in die Noradrenalin- oder Sympathikusphase, die für Aufwachen, Aufmerksamkeit und Kampf zuständig ist. Gegen 5 Uhr sind übrigens physiologische Erektionen des Mannes am häufigsten, auch im Alter.

Ist die Tiefschlafphase die Erholphase des Körpers, so ist die REM-Phase die der Seele. Sie ist der psychischen Regeneration vorbehalten. Der Volksmund drückt es anders aus: »Der Traum ist der Stuhlgang der Seele.« – Wie klug! Viel Seelisches wird im Traum »verdaut«, aufgearbeitet, wird uns von uns selbst in veränderter, verkleideter Form vorgegaukelt, verklausuliert dem Bewußtsein mitgeteilt, vorausgesetzt, daß wir unsere eigene Traumsprache deuten können oder zu überdenken wagen.

Sicher, viele Träume handeln nur von Tageserlebnissen, die noch nicht verarbeitet waren. Manche, und gar die wiederkehrenden, erinnern uns aber, daß da noch etwas von früher in einer Schublade der Seele liegt, das nicht verkraftet wurde, und was auf Aussprache, auf Erkenntnis drängt. Träume sind nicht nur Schäume, sie sind oft Signal. Der Schlaf kennt ja keine Kontrolle des Erlebens wie der Tag sie durch das Bewußtsein kennt, welches uns oftmals sagt, daß nicht sein kann, was nicht sein darf. Das Unerlaubte wandert dann in das Unterbewußtsein, aus dem der Traum es wieder hergibt.

Träume können unbewußt bleiben und dennoch zu Schlafstörungen führen. Auch Schlafstörungen haben daher oftmals psychologische Aspekte. Im Schlaf gibt man sich mit den Träumen manchen triebgefärbten Inhalten hin. Nicht jeder verkraftet dies (speziell nicht der Neurotiker). Mancher Mensch mit *Durchschlafstörungen* wacht lieber auf, als diese Triebinhalte träumend dem Bewußtsein näherkommen zu lassen.

Es muß sich bei solchen Träumen nicht unbedingt um sexuelle Phantasien handeln, es können auch andere Konflikte sein, die durch Aufwachen abgewehrt werden.

Sehr häufig handelt es sich auch um Aggressionsstörungen, die zum Angst- oder Alptraum werden. Angst- und Alpträume sind wohlbekannte Störfaktoren des Durchschlafens.

Der im *Einschlafen* Gestörte kann möglicherweise die Hingabe an einen Kontrollverlust generell fürchten, unbewußt lieber wach bleiben, als sich den Dämonen seines Unterbewußtseins auszuliefern. Er zieht den Tag vor, an dem er alles so gut im Griff hat.

Aus psychologischer Sicht geht es manchen *Langschläfern* da ganz anders: Sie wehren den Tag mit seinen Anforderungen ab, geben sich lieber dem Realitätsverlust hin und meiden die schnöde Gegenwart, die ihnen so wenig zu geben verspricht.

Nur 50% der Bevölkerung schlafen übrigens geräuschlos, manche leider sehr geräuschvoll. Womit das Schnarchen ursächlich zusammenhängt, ist bis heute ungeklärt, kann daher auch nicht abgestellt werden.

Äußerlich betrachtet sind die häufigsten Schlafstörungen durch Lärm verursacht, besonders die beim Einschlafen und die in den frühen Morgenstunden beim Aufwachen. An zweiter Stelle sind oft zu warme Räume zu nennen. 14 bis 16 Grad Celsius sollen optimal sein. Manchmal ist es auch Bewegungsmangel, ein ungewohntes oder zu weiches Bett. Außerdem: Aufregende Fernsehsendungen, Filme oder spannende Bücher am späten Abend sind für Schlafgestörte keine Hilfe zum Einschlafen, sondern eher das Gegenteil. Oft stören Ärger, Sorge oder Aufregungen, wie Examensängste, auch Freude, sprich alle Gedanken, die unseren Kampfnerv anregen. Gelegentlich rauben starker Tee, Kaffee oder Cola und zu spätes und zu schweres Essen uns den Schlaf.

Und auch dies: Der Alkohol kann einen Tiefschlaf erzwingen, aber keine wohltuende psychische Regeneration bringen, denn die REM-Phasen werden im Vollrausch unterdrückt!

Depressionen sind sicher an mancher Schlaflosigkeit schuld. Ferner leiden Herzinsuffiziente durch das nächtliche Wasserlassen häufig an Schlafstörungen. Oftmals sind hirnorganische Krankheiten, Gelenkschmerzen und andere Krankheiten der Multimorbidität des Alters die Ursache der Schlafstörungen jenseits der 60er Lebensjahre, oft aber auch das viel zu frühe

Ins-Bett-Gehen älterer Menschen; sei es, daß man keine Anregungen mehr sucht oder auch nicht mehr finden kann, oft genug, weil man schlecht sieht oder schlecht hört oder gar beides zusammen.

Wer tags öfter einnickt oder regelmäßig langen Mittagsschlaf hält, kann abends meist nicht einschlafen. Nichts gegen ein 20minütiges Nickerchen gegen 15 Uhr, in der Zeit des Leistungsknicks! Mehr ist aber oft von Übel für die Nachtruhe.

Kurzum: Wir müssen uns damit abfinden, daß wir als alte Menschen zunehmend kürzer und auch von Perioden des kurzen Wachseins unterbrochen schlafen werden – das ist für den Alten normal.

Ältere Menschen gehören daher per Naturgesetz zu den Frühaufstehern. Manche Eule, manche Nachtigall findet sich im hohen Alter als Lerche wieder! Es ist viel ungesünder, durch Schlafmittel einen Schlaf wie den der Jugend zu erzwingen, als die Veränderung gelassen hinzunehmen.

Aber: Wälzen Sie sich nicht stundenlang schlaflos im Bett hin und her! Wenn Sie merken, daß es mit dem Schlaf nicht klappen will, so stehen Sie auf! Gehen Sie hin und her um auszukühlen oder – setzen Sie sich und lesen oder beschäftigen Sie sich gar sinnvoll. Bei aufkommender Müdigkeit dann hurtig wieder ins Bett zurück – das Bett ist nur zum Schlafen da.

Müssen Schlafmittel genommen werden, sollte man nicht die nehmen, die man in der Drogerie oder Apotheke einfach mitbekommt, sondern seinen Arzt vorübergehend um ein Schlafmittel mit kurzer Halbwertszeit und geringer Rezeptorenhaftbarkeit oder um ein serotonhaltiges bitten. Dies sind physiologische Mittel, oder solche, die der Körper dann schnell und vollkommen abbaut, ohne Müdigkeit, Schwindel oder Benommenheit am nächsten Tag.

Im übrigen ist *Autogenes Training* eine großartige Übung, um einen annehmbaren Schlafrhythmus wiederzufinden, wobei die Ruheschaltung von dem Gedanken getragen sein soll, daß die Schlafstörung unwichtig ist. Wer nämlich eine Störung wichtig nimmt, arbeitet daran, sie abzubauen. Wer aber arbeitet, schläft nicht! (Dies gilt auch für das berühmte »Schäfchen-Zählen«.) Übrigens: Daß Schlaf vor Mitternacht besonders gut ist oder gar schön macht, ist ein übles Gerücht. Gelassenheit ist alles!

Eine gelassen hingenommene schlaflose Nacht ist gesünder als mancher medikamentös erzwungene Schlaf, ist besser als Sorge und Angst vor der Schlaflosigkeit. Nicht die Schlaflosigkeit macht uns am anderen Morgen so kaputt, sondern Angst und Sorge um sie, um die Gesundheit. Ich kenne Examenskandidaten, die monatelang kaum geschlafen und trotzdem ein gutes Examen geschafft haben. Mancher Schlafgestörte sollte sich daher eher nach der Angst vor der Bewältigung des Tages als nach der vor der Bewältigung der Nacht fragen und von hier seine Schlafstörung aufrollen. Schlaflose Nächte können eine Gnade sein, in der Ruhe und Einsamkeit der Nacht wird manches Schicksal noch einmal durchkämpft, überdacht, angenommen und verkraftet werden, mancher Entschluß reifen, der in der Hektik des Tages nicht durchkommt.

Napoleon soll nur vier Stunden Schlaf gebraucht haben und hat doch ein Weltreich geschaffen. Allerdings hat er es auch wieder verloren.

Sexualität

Über Sexualität wird viel geredet, oft gerätselt, noch mehr verdrängt. Was ist sie überhaupt?

Brockhaus nennt Sexualität ›Geschlechtlichkeit‹. Man hat darunter *die Gesamtheit aller Triebe, Bedürfnisse und Verhaltensweisen* zu verstehen, *die sich auf den Geschlechtsakt beziehen; die Fortpflanzung ist nur ein Teil davon.* Das ist eine umfassende Darstellung des Begriffs.

Vom ausgehenden 19. Jahrhundert und der Jahrhundertwende, der Zeit wilhelminischer bzw. viktorianischer Vorstellungen ist zunächst eine gewisse Sexualfeindlichkeit in unser 20. Jahrhundert herübergeglitten. Nach der herrschenden, eher puritanisch anmutenden Meinung war Sexualität – zumindest nach außen hin – nur zur Fortpflanzung erlaubt. Sexualfeindlichkeit läßt sich in der Geschichte jedoch öfter nachweisen, insbesondere in der Kirchengeschichte. Seit der Entdeckung und Anwendung der Pille ist es jedoch der jüngeren Generation, speziell natürlich den jüngeren Frauen, gelungen, sich aus überlieferten Vorurteilen zu befreien und eine zunehmend freiere Einstellung zu ihrer eigenen Sexualität zu bekommen. Darüber hinaus entstand eine immense Schubkraft in Richtung freierer Persönlichkeitsentwicklung für die Frau.

Es sei hier allerdings nicht verhehlt, daß sich nicht alles positiv entwickelt hat. In vielen Fällen ist aus dem soziokulturellen Druck zur Enthaltsamkeit der gleiche Druck zur Permissivität im Sinne einer Sexualgymnastik geworden.

Auch dieser Druck kann nicht erwünscht sein. Erwünscht sein sollte eine echte, freie Sexualität, die sich aus der jeweiligen Persönlichkeit, aus biologischen und genetischen Gegebenheiten, aus Erziehung und Umwelteinflüssen frei entwickelt.

Wo stehen wir da aber wirklich? Es ist ziemlich unklar. Denn nirgends wird so viel gelogen wie auf dem Gebiet der Sexualität. Auf keinem anderen Gebiet hat der einzelne so wenig wahrhafte Vergleichsmöglichkeiten! Selbst engste Freunde machen einander etwas vor, Busenfreundinnen schweigen verschämt oder belügen einander. Keine der heute lebenden Generationen ist im übrigen weiter vom Idealbild der Verwirklichung der eigenen Sexualität entfernt als die Generation der heute über 60 Jahre alten Menschen. Der soziokulturelle Druck zur Enthaltsamkeit richtet sich weiterhin voll gegen sie, ganz besonders aber gegen die alte Frau.

Ein 70jähriger Mann darf sich im Umgang mit einer 40- bis 50jährigen Frau beneidet fühlen. Die 70jährige Frau im umgekehrten Fall wird verlacht und verspottet, schlimmer noch ihr jüngerer Partner. Nach wie vor wird die ältere Frau von ihrer Umwelt als asexuell und reizlos angesehen, wobei diese Umwelt nicht nur – wenn auch überwiegend – aus Jüngeren besteht. Jüngere suchen in den älteren Menschen nun einmal ihr eigenes Elternbild, also das Bild von Vater und Mutter. Speziell das Mutterbild soll aber nach der Überlieferung hehr und rein sein. Bei älteren Kritikern dürfte auch oft der blanke Neid eine Rolle spielen.

Die Meinung der Gesellschaft wird noch immer überwiegend von Männern gemacht, und gerade diese lehnen solche Verbindung via Mutterbild und Inzestgedanken ab. – Die Frauen unterwerfen sich. So wird gelegentlich sogar die neue Verbindung eines 70jährigen Mannes mit einer zwanzig Jahre jüngeren Frau groteskerweise eher toleriert als die mit einer gleichaltrigen, nämlich 70jährigen Frau. »Was machen die eigentlich miteinander?« Im Unterbewußtsein mag auch das Renaissancebild der Sexualität im Sinne von Blüte und ›Knackigsein‹ hineinspielen, wobei das Aussehen des männlichen Körpers gern überbewertet wird. Ältere Betroffene meinen daher, die eigene Sexualität verdrängen zu müssen. Nur sehr selten wird darüber gesprochen – vielleicht beim Arzt, beim Pfarrer, vielleicht mit einem sehr vertrauten Menschen, kaum je öffentlich.

Sexualität ist aber an eine Vielzahl von Faktoren gebunden.

Vor allem sind es viele psychische Faktoren: Liebe, Zärtlichkeit, Aufeinandereingehenkönnen, Verständnis und Charme zeigen. Sexualität ist nicht nur Geschlechtsakt, sondern auch Erotik.

Vieles an der Sexualität ist im übrigen physiologisch vorgegeben.

Besprechen wir zunächst einmal die *Physiologie der Sexualität,* dann die Hormone der Frau und die des Mannes; auch aus dieser Sicht gibt es für das Altern interessante Aufschlüsse.

Es gibt ein Sexualzentrum im Menschen, ein Zentrum der Geschlechtlichkeit. Bei Mann und Frau sitzt es an der gleichen Stelle: im Gehirn, genauer im Zwischenhirn, im Hypothalamus, und wird Tuber cinerum genannt.

Das *Sexual-Zentrum* liegt also nicht etwa bei der Frau in Gebärmutter und Eierstöcken oder beim Mann in Hoden und Prostata, wie früher vielfach geglaubt wurde, sondern bei beiden im Gehirn. Von hier aus wird auch Sexualität gesteuert, auf vielen, teils noch unbekannten Wegen. Diese Lage des Zentrums ist sinnvoll, denn so wird von der Natur gesichert, daß eine erwachsene Frau durch Operation an ihren Geschlechtsteilen oder gar durch Entfernung ihrer Eierstöcke oder ihrer Gebärmutter im Regelfall ihre Sexualität nicht verliert; sie bleibt eine Frau, und zwar nicht nur äußerlich. Dies gilt für den erwachsenen Mann nach Operation an den Hoden genauso, wenn auch die psychischen Veränderungen hier größer sind und die Libido deutlicher mit der Zeit zurückgeht. Der oft beklagte Verlust der »Vollwertigkeit« kann und darf sich also zunächst nur auf die Fortpflanzungsaufgabe beziehen. Selbstverständlich können vegetative Störungen auftreten, aber die oftmals überschießende psychische Reaktion ist eher ein Zeichen eigener Selbstunsicherheit und als Unsicherheit betreffs des Lebenspartners zu verstehen. Oft liegt das Verhalten der Patienten leider an der mangelnden Aufklärung durch den Arzt.

Der Sitz des Steuerungszentrums, der Computer für die Sexualität, liegt in einem sehr gefäßreichen Teil im unteren Zwischenhirn. Hier befinden sich außerdem Aufnahmestellen für Hormone aus der Peripherie des Körpers, also aus den anderen Drüsen, und hier befinden sich auch Schaltstellen für Einflüsse aus der Umwelt (vor allem den Augen, aber auch aller anderen Sinnesorgane). Von der darüberliegenden Hirnrinde und Hirnteilen, die wir als Sitz seelischer Vorgänge vermuten, laufen hier Fasern zusammen. Sie alle nehmen Einfluß, indem sie Signale übermitteln, und zwar mittels Transmitter, wie wir sie schon kennengelernt haben.

Damit wird das Sexualzentrum durch äußere Sinneseindrücke, psychische Faktoren und durch unzählige andere Körperfaktoren beeinflußt, schließlich (last not least) auch durch die eigenen Hormone, inklusive der eigenen Geschlechtshormone. Durch diese zahllosen Zuflüsse sind unsere Abhängigkeiten im Sexualleben, z. B. von den Sinnesorganen, z. B. von der Psyche, z. B. vom Körperbefinden, ein bißchen verständlicher, unsere uns selbst oft unbegreiflichen Reaktionsweisen logischer. Wir sind so gebaut. Wir können oft nicht anders.

Dieses gesamte Zwischenhirnzentrum kontrolliert nun die Hypophyse, die ihrerseits auch eine Drüse ist. Diese Hypophyse (Hirnanhangdrüse) ist gewissermaßen ein alle anderen Drüsen des Körpers regulierendes Unterzentrum.

Zunächst gehe ich jetzt auf die *Hormone der Frau* ein.

Hirn und Eierstöcke der Frau sind sich beeinflussende Regelkreise, sich gegenseitig steuernd verbunden. Die Regelkreise der weiblichen Sexualfunktion gehören zu dem Kompliziertesten, das der menschliche Körper bietet. Ich will versuchen, Ihnen einiges deutlich zu machen: Die eben genannte Hypophyse produziert neben Hormonen für andere Körperdrüsen auch zwei Geschlechtshormone, zwei sogenannte Gonadotropine: Das follikelstimulierende Hormon, FSH genannt, und das luteinisierende Hormon, LH genannt. Diese beiden sind bei der Frau nun für die Regelung der Eierstockfunktionen verantwortlich.

Unter Einfluß des FSH kommt es nämlich zur Bildung von Östrogenen im Eierstock. Östrogene lassen ihrerseits das Ei im Eierstock reifen. Dieses Ei wird also größer, wird wachsen. In der Gebärmutter wird die vorher dünne Schleimhaut ihrerseits wachsen. Wenn viel Östrogen im Körper ist, kommt auch viel Östrogen via Gefäße in das Zwischenhirn zurück und so zu dem dortigen Steuerungszentrum. Bei einer gewissen Rückflußmenge von Östrogen an der Hypophyse wirft dieses

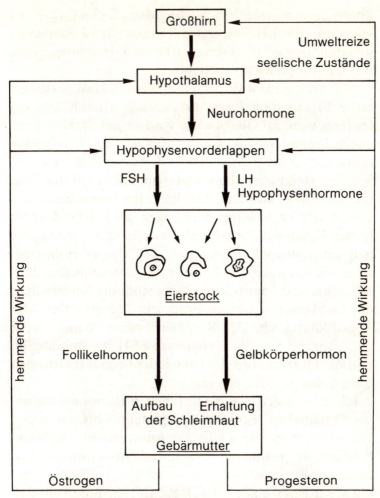

Abb. 3: Schematische Darstellung des Wirkungszusammenhangs (Feedback) der beim Menstruationszyklus der Frau tätigen Hormone.

Zentrum nun eine erhebliche Menge eines anderen Hormons, des LH, aus, welches nun an den Eierstöcken die Produktion des zweiten Eierstock-Hormons, nämlich des Progesterons, befiehlt.

24 Stunden nach Einsetzen dieses LH springt das gereifte Ei aus dem Eierstock heraus, es kann nun befruchtet werden. Gleichzeitig wird in der Gebärmutter durch Progesteron alles zur Aufnahme des Eies vorbereitet, indem die Schleimhaut saftiger wird etc. Zur selben Zeit steigt auch die Körpertemperatur bei der Frau um ein halbes Grad an. Erfolgt keine Befruchtung des Eies, bricht nach weiteren 14 Tagen die LH-Produktion in der Hypophyse wieder ab. Jetzt ist der Östrogengehalt im Eierstock relativ tief, der Progesterongehalt sinkt jedoch auch ab. Es ist eine gewissermaßen hormonarme Zeit angebrochen. Nun stößt die Schleimhaut der Gebärmutter sich in Form der Menstruation, der Regelblutung, ab. Der Kreislauf beginnt dann wieder von vorn, in dem die Hypophyse FSH ins Blut abgibt, und die Ovarien (Eierstöcke) wieder vermehrt Östrogen bilden, das Ei reift, etc. etc.

Ich habe Ihnen nun die weiblichen Hormone, die unser Sexualleben regulieren, vorgestellt – bis auf eines: Wir besitzen es alle. Es ist das Androsteron – in Wirklichkeit ein männliches Hormon! Aber wir Frauen brauchen es auch.

Es wird bei uns in der Nebennierenrinde gebildet, die im übrigen auch geringere Mengen von Östrogen produziert, und zwar bei beiden Geschlechtern. Die Nebennierenrinde des Mannes produziert also ebenso Androsteron und Östrogen wie die der Frau, aber den größeren Anteil Androsteron erhält der Mann aus dem Testosteron des Hodens, die Frau den größten Anteil Östrogen aus den Eierstöcken. Androsteron ist u. a. für den Eiweißhaushalt wichtig, aber darüber hinaus für die vita sexualis, das Sexualleben. Es hat zwar nicht direkt mit der Fortpflanzung zu tun, jedoch gehört es zu den Hormonen, die wahrscheinlich die *Libido,* die Begierde und die Orgasmusfähigkeit der Geschlechter, steuern, und zwar die des Mannes und in gewissen Grenzen auch die der Frau. Auch die Begierde gehört zu uns als Naturgesetz. Die Libido wird also nicht ausschließich von den Eierstöcken oder den Hoden gesteuert, endet also auch nicht mit deren Funktion, sondern kann, nach heutigem Wissen, lebenslang anhalten. Beim Mann ist die Begierde stärker an seine Hodenfunktion gekoppelt als bei der Frau an die Eierstöcke. Seine Hoden gehen beim Altern aber kaum zurück. Sexualität bei alternden, ja alten und hochbetagten Menschen beiderlei Geschlechts ist aufgrund all dieser Tatsachen eine *naturgegebene Konsequenz,* ihre Tabuisierung völliger Unsinn.

Ein großer Einschnitt im Leben der älteren Frau ist das *Klimakterium.* Wir verstehen darunter den mehrere Monate und Jahre umfassenden Zeitabschnitt vor und nach der letzten Periode. Es setzt mit einem Nachlassen der Östrogenproduktion des Körpers ein; wenn der Körper weniger als eine bestimmte Menge Östrogen im Blut produziert, wird der Regelkreis der Sexualhormonbildung unterbrochen; es ist der Schwellenwert erreicht, unter dem die Regelblutung sistiert, die Arbeit der Fortpflanzungsorgane (Eierstöcke und Gebärmutter) aufhört. Diese bilden sich nun zurück.
Die Nebennierenrinde bildet allerdings noch weiterhin Hormone: Östrogene und Androsteron. Der weibliche Körper verarmt also nicht völlig, jedoch liegt diese Produktion unterhalb des Schwellenwerts, an dem die Eierstöcke hormonell »anspringen«. Der Zeitpunkt des Klimakteriums liegt in unseren Breitengraden bei den

meisten Frauen heute um das 52. Lebensjahr, vor hundert Jahren ungefähr zehn Jahre früher.
Warum die Fertilität, die Fortpflanzungsfähigkeit, heute länger erhalten bleibt, ist unbekannt. Es werden äußere Einflüsse vermutet, also Ernährung (Vitamine und Eiweiß), bessere Durchblutung durch mehr Bewegung, Sport etc. Vielleicht hat es aber auch mit einer vermehrten Reiz-Einströmung via Gehirn zu tun, also mit der Tatsache stärkerer geistiger Betätigung als vor hundert Jahren. Aber auch heute schwankt das Einsetzen des Klimakteriums zwischen dem 40. und 58. Lebensjahr, einzelne Ausnahmen treten in beiden Richtungen auf.
Mit dem Aussetzen der Periode geht oft das klimakterische Syndrom, das klimakterische Beschwerdebild einher, und zwar unterschiedlich stark. Circa 30% der Frauen leiden daran, davon circa ein Viertel stark (von diesen sind im Durchschnitt 5% arbeitsunfähig krank). Dieses Leiden umfaßt zunächst hauptsächlich vegetative Steuerungen, die durch die Nebenwirkung der Östrogene auf den Nervus Parasympathikus (den Ruhenerv des dem Willen entzogenen Nervensystems) verursacht sind. So entsteht eine Dysregulation, eine Fehlsteuerung des Sympathikus/Parasympathikus-Tonus, besonders im Halsbereich mit Hitzewallungen an Gesicht und Brust von einigen Sekunden Dauer, außerdem Schweißausbrüche. Diese treten anfänglich besonders nachts auf und sind dadurch mit Schlafstörungen verbunden.
Außerdem werden Schwindelerscheinungen, Herzjagen, plötzlich erhöhter Blutdruck, auch Ohrensausen festgestellt. Der Sympathikus überwiegt, da der Parasympathikus nicht mehr von Östrogenen angeregt wird. Es wird dann oft über Reizbarkeit, Nervosität, Vergeßlichkeit, ja Depression, und dann auch über Nachlas-

sen der Libido geklagt. Diese Symptome sind teils durch den Östrogenmangel, aber auch durch die Psyche erklärbar, also als subjektive seelische Reaktion auf die Körperveränderung. Letzteres gilt besonders für die Depression und für das Nachlassen der Libido. Sie haben oft mehr mit der Lebensbilanz zu tun, die nun gezogen wird. Und welche Lebensbilanz ist schon ausgeglichen, es sei denn, die in der Traumwelt der Medien.

Oft treten Lebenskrisen um das 50. Lebensjahr auf: etwa berufliche, die Arbeit fällt schwerer, man fühlt den Karrieredruck Jüngerer bewußter als vorher, fürchtet sogar die Arbeitslosigkeit; das »Leere-Nest-Syndrom« stellt sich nach dem Weggang der Kinder aus dem Haus ein, oder das Zusammenbrechen der heilen Welt durch Veränderungen im Lebensstil, die vorher nicht geübt wurden, vielleicht durch Umzug, der Mann wird oft schon Rentner, es gibt gar Trennungen. Die Menopause gilt als schwere Zeit.

Einige der Frauen reagieren auf die Menopause jedoch mit Erleichterung. Es sind meist die berufstätigen Frauen, die außerdem noch Mann und Kinder versorgten und Anpassungen geübt haben; diese finden nun eher neue Ziele und nehmen Veränderungen leichter in Kauf. Es sind zumeist auch jene, die Östrogensubstitution gern vom Arzt annehmen, da sie nicht so ängstlich, auch risikobereiter, lebensgeübter sind.

Oft spielt in das Klimakterium ein Gefühl herein, das man überspitzt als das Gefühl, »keine Frau mehr zu sein«, bezeichnen kann. Mit dem Klimakterium hat aber medizinisch gesehen zunächst nur die Periode der Fruchtbarkeit aufgehört. Es werden lediglich keine Eier mehr reifen, daher die Gebärmutter nicht mehr vorbereitet, Eier aufzunehmen; die sekundären Geschlechtsmerkmale bleiben zunächst sehr lange voll erhalten, ebenso wie große Teile der Sexualität voll erhalten bleiben, insbesondere Libido und Orgasmusfähigkeit. Die Kohabitationsfähigkeit (Beischlaffähigkeit) kann sich im allgemeinen erst viel später im Sinne mangelnder Sekretion in die Scheide und einer Hautatrophie (Schwund) der Vagina, die hier schmerzhaft sein kann, verändern. Dies kann durch rechtzeitige Hormoneinnahme normalisiert werden, ebenso wie die sehr häufige Gefahr der schmerzhaften Osteoporose, der Knochenerweichung im Alter, dadurch gemildert wird. Schon allein deswegen ist die Hormonsubstitution der klimakterischen Frau ein Gebot der Altersprophylaxe, es sei denn, daß wichtige individuelle Erkenntnisse dagegen sprechen.

Nun zu den *Hormonen des Mannes:* Männer produzieren als Haupthormon Testosteron. Es wird in den Leydigschen Zwischenzellen im Hoden hergestellt (teilweise auch aus den Tubuli). Die Spermien entspringen dagegen den Keimzellen der Hoden. Aber auch bei den Männern spielt die Hypophyse eine übergeordnete steuernde Rolle, auch bei ihnen sind alle bei der Frau dargestellten Regelmechanismen zwischen Hypophyse, Zwischenhirn und den übrigen Hirnteilen vorhanden. Denn auch Männer produzieren in der Hypophyse LH und FSH, wie die Frau. LH reguliert bei ihnen die Testosteron-Herstellung. FSH reguliert die Keimepithelien, aus denen die Spermienproduktion separat hervorgeht. Die Hormonabgabe erfolgt jedoch nicht zyklisch wie bei der Frau, sondern stetig. Im Alter fällt der Hormonspiegel des Mannes auch nicht so steil ab wie bei der Frau im Klimakterium, sondern nur sehr verzögert, allerdings gelegentlich schon ab dem 30. Lebensjahr. Die Fortpflanzungsfähigkeit geht erstaunlicherweise trotzdem nicht zurück. Diese Fähigkeit ist relativ Testosteron-unabhängig. Die Hoden werden im Alter auch selten kleiner, Eierstöcke dagegen fast immer. Als Alterserkrankung der Geschlechtsteile kennt der Mann fast nur Prostata-Veränderungen, die sich auf den Harnstrahl auswirken, vegetative Veränderungen wie bei der Frau sind selten. Er hat es insofern leichter.

Aufgrund der Physiologie der Sexualhormone beider Geschlechter, also anhand der Aufgaben, die die Sexualhormone beim Menschen erfüllen, ja erfüllen müssen, kann man auch einige menschliche Verhaltensmuster erklären, und zwar aus physiologischer Sicht und nicht aus psychologisch-soziologischer. Vieles an unserem Verhalten ist physiologisch (körperlich, gesetzmäßig) bedingt und nicht nur anerzogen.

Dabei bleibt unbestritten, daß die Kindheit, und besonders die frühe Kindheit, sicher die Zeit ist, in der durch vorhandenen oder durch mangelnden Respekt der Eltern vor der Individualität des Kindes (!) Weichen für viele schlechte oder gute Persönlichkeitszüge gestellt werden. Es ist ebenso eine Tatsache, daß Menschen durch ihre Hormone in ihrer Psyche beeinflußt werden. So wird etwa die Begierde, die Libido, bei beiden Geschlechtern zentral, spezifisch/geschlechts-hormonell und über ein bestimmtes Hormon gesteuert: Androsteron, welches die Männer wesentlich stärker, nämlich 10mal stärker produzieren als die Frau. Sie sind daher rein biologisch gesehen sexuell aktiver, aggressiver und als Eroberer vorprogrammiert. Das hat mit Erziehung nichts oder nur nachgeordnet zu tun. Ihr Kampfnerv Sympathikus springt einfach eher an.

Die Östrogene, die typisch weiblichen Hormone, die auch der Mann in seiner Nebennierenrinde produziert, haben dagegen ganz andere Aufgaben im Körper. Sie wirken auf die sekundären Geschlechtsmerkmale, also Entwicklung der Brüste, weiblich gerundetes Becken. Sie wirken auf den Kalkhaushalt der Knochen, sie wirken senkend auf den Cholesterinspiegel, wehren daher die Sklerose ab und beeinflussen vor allem auch das autonome, selbststeuernde Nervensystem, und zwar in Richtung Parasympathikusverstärkung, d. h. Ruheverstärkung.

Der Parasympathikus ist ja im Gegensatz zum Sympathikus der Ruhenerv des autonomen Nervensystems, das ist das Nervensystem, welches die dem Willen entzogenen inneren Organe regelt. Dadurch haben Frauen niedrigeren Blutdruck als Männer, oft langsameren Herzschlag, niedrigeren Cholesterinspiegel, sind insgesamt körperlich, rein physiologisch betrachtet, ruhiger und ausgeglichener.

Wollen wir einmal den biologischen Weg der Hormone ins übergeordnete menschliche Verhalten verfolgen, so lassen sich bereits unterschiedliche soziale Aufgaben bei Mann und Frau ablesen. Der Mann muß dem Sympathikus folgen, muß erobern, angreifen, nach draußen drängen, die Frau muß dem Parasympathikus folgen, muß halten, bewahren, versorgen, also »sozialer« sein. So liegt die hormonell vorprogrammierte, von Erziehung und Bildung unabhängige Leistungsstärke bei der Frau im sozialen Bereich. Es ist das normale Gesetz, nach dem die Geschlechter antreten, welches in seiner Gegensätzlichkeit und gelegentlichen Überspitzung aber auch Schwierigkeiten zwischen ihnen auf dem Gebiet des Zusammenlebens und der Sexualität bringen kann. Der Mann sollte das Halten und Bewahren einer Beziehung als Kind oder später lernen, die Frau das Nicht-Klammern, das Loslassen und damit auch das Selbständigwerden, die Individualität. Das sind oft lebenslange Probleme.

Ihre Bewältigung gehört auch zum guten Altern. Zwischen diesen aufgezeichneten Extremen gibt es natürlich viele biologische Möglichkeiten, denn kein Mensch ist wie der andere, keine Frau ist wie die andere, keine Frau ist 100%ig Frau, der Androsteronanteil schwankt auch von Frau zu Frau, und rein vom Biologischen her gibt es unendlich viele Varianten.

Darüber hinaus unterliegen Frauen und Männer zweifelsfrei nicht nur hormonellen Zwängen; Gott sei Dank können wir über den Einfluß des Verstandes, über Erziehung, Schule, Berufsausbildung und Umgebung von den rein hormonellen weiblichen wie auch männlichen Verhaltensmustern ein Stück Weges weggeführt werden. Trotzdem muß gesagt werden, daß besonders ältere Frauen trotz jahrzehntelanger Emanzipation immer wieder um ihr Selbständigsein, um ihren eigenständigen Platz in der Gesellschaft kämpfen müssen und auch sollen. Andererseits kann man vorzugsweise bei jüngeren Männern oft weiblichere Verhaltensweisen finden, die gelegentlich noch belächelt werden und sicher sowohl mit weiblichen Hormonen aus ihrer Nebennierenrinde einerseits, wie andererseits auch mit äußeren Einflüssen und Reaktionen zusammenhängen.

Hier ist auf dem Weg des Erlebens neuer Freiheiten durch Empfängnisregulation, durch verbesserte Ausbildungsmöglichkeiten, durch physiologische Erkenntnisse und das Daraufreagieren einiges in Fluß gekommen. Die Geschlechter bewegen sich in ihrem Verhalten aufeinander zu, was nicht zum Schaden für sie ist, sondern zum Segen. Hormonelle Grundwertigkeiten und Begrenzungen werden jedoch nicht zu ändern sein. Dies ist im Sinne der Erhaltung der Menschheit auch gut, liegt doch ein Großteil unserer gegenseitigen Anziehung gerade in dieser Bipolarität.

Auch der *Sexualvollzug* hat sich verändernde Gesetzmäßigkeiten. Die Sexualität begleitet die Menschen, Männer wie Frauen, im Grunde lebenslang, und nicht nur eine beschränkte Zeit. Über die Hautberührung wird sie gebahnt. Die Berührungen des Säuglings sind bereits die Vorläufer, das Streicheln einer Greisenhand wird das Ende sein; dazwischen liegen Lust und Erfüllung. Dazwischen liegen auch Probleme, deren Lösung das Leben erleichtert, die Lebenskraft stärkt.

Nach unserem heutigen Wissensstand liegt der *Höhepunkt der Sexualität* der Frau allerdings zeitlich anders als beim Mann, ist bei der Frau erst mit ca. 30 Jahren ausgereift; dies ist wesentlich später als beim Mann, der ab dem 20. Lebensjahr im allgemeinen starken sexuellen Interessen regelrecht anheimfällt. Möglicherweise spielt die Erziehung hier eine nicht unbeträchtliche Rolle! Mütter verwehren ihren Töchtern leicht, was sie dem Sohn gestatten, auch heute noch. Dabei belastet stumme Kritik die Töchter oftmals mehr als manches Wortgefecht.

Die Frau stellt sich ihrer Sexualität im allgemeinen also relativ spät, kommt vor allem erst später zur Orgasmusfähigkeit. Dann aber bleibt sie in ihrem sexuellen Verhalten konstant bis ins hohe Alter. Während der ältere Mann gelegentlich impotent wird und über Beischlaf*unfähigkeit klagt, verschweigt* die ältere Frau ihre Beischlaf*fähigkeit* dagegen gern oder *verdrängt* sie via Erziehung, Rollenbild und mangelnder Gelegenheit, ja Scham. Sexuelle Impotenz bei der Frau gibt es jedoch relativ selten; wenn es sie gibt, so ist es Beischlafunfähigkeit infolge mangelnder Libido und mangelnder Sekretion in der Scheide, oder infolge Atrophie der Vaginalschleimhaut oder der Klitoris.

Der *Sexualvollzug* erfolgt bei Männern und Frauen nach dem gleichen Muster: Er beginnt mit einer Erregungsphase, erreicht eine Plateauphase, die in den Orgasmus einmünden kann, und endet mit einer Rückbildungsphase. In der Erregungsphase kommt es beim

Mann zur Erektion. Wenn er älter ist, tritt sie nicht mehr innerhalb von Minuten ein und erreicht auch nicht mehr die frühere Stärke. Die Reaktionen älterer Männer brauchen also mehr Zeit, und die Erektion ist schwächer. Hat er jedoch erst seine Plateauphase erreicht, so hält diese dafür wesentlich länger als in früheren Jahren an, welches auch seine Vorzüge haben kann. Die Ejakulation selbst läuft dann allerdings schneller ab als in der Jugend, das Ejakulat ist geringer, das Erleben des Orgasmus jedoch dabei unverändert, ja manche Männer haben gar kein Ejakulationsbedürfnis mehr bei gleicher Erlebnisfähigkeit.

Die Rückbildungsphase, in der der Mann für sexuelle Stimulation unempfänglich ist, dauert im Alter wesentlich länger als in der Jugend. Dies ist die Norm des älteren Mannes; an ihr kann und sollte auch therapeutisch nichts geändert werden. Auch bei älteren Frauen tritt der Sexualvollzug mit der Erregungsphase, mit Sekretion und Blutüberfüllung der Scheide ein, welche in der Plateauphase zur Ausbildung einer Art Manschette der Scheide führt. Dann kommt die Orgasmusphase mit Kontraktion der Manschette und des Uterus, und schließlich die erregungsunempfängliche Rückbildungsphase. Mit zunehmendem Alter wird die Scheide atrophisch, nicht mehr so leicht dehnbar, jedoch bei ausreichender Stimulation z. B. der Klitoris oder der Hautzonen oder durch Substitutionstherapie mit Östrogenen läßt sich die Elastizität bis ins höchste Alter ausreichend wiederherstellen. Die Klitoris kann zwar etwas schrumpfen, ihre einleitende Funktion für die Erregungsphase bleibt aber weitgehend erhalten. Auch bei der Frau ändert sich der Sexualvollzug: Die Frau hat im Alter eine längere Erregungsphase als in der Jugend, eine längere Plateauphase, dann eine verkürzte Orgasmusphase. Dies entspricht alles dem älteren Mann. Sie hat dann aber eine schnellere Rückbildungsphase (dies im Gegensatz zum Mann, der oft tagelang nicht mehr zur Erregung kommen kann). Die ältere Frau ist also schneller sexuell wieder ansprechbar als die jüngere Frau oder der ältere Mann. Sie hat also biologisch gesehen weniger »Potenzprobleme«.

Sie unterliegt aber voll dem psychischen Druck, dem Tabu der Gesellschaft. Die Erfüllung einer relativ konstanten Sexualität der Frau bis ins hohe Lebensalter hängt nicht nur von ihr allein, sondern viel stärker vom Verhalten der Gesellschaft bzw. dem des Mannes und auch von seinen Potenzproblemen ab, bzw. davon, daß sie ca. 7 Jahre älter als ihr Mann, oft also Witwe wird.

Bei Männern treten Potenzprobleme, u. a. durch Hormonstörungen, ab dem 50. Lebensjahr auf (oft bereits ab dem 30. Lebensjahr) und werden dann ihrerseits sehr viel schlechter verkraftet als Frauen ihre Probleme verkraften. Sie sind auch medizinisch schlechter therapierbar als bei Frauen. Das ist dann das sogenannte »Klimakterium des Mannes«. Es wird oft mit Überarbeitung, beruflich anwachsendem Streß, ja mit den nachlassenden Reizen der älter werdenden Partnerin vertuscht, paßt es doch gar nicht in das unter Erfolgszwang stehende Selbstbild des Mannes, nachzulassen. Es kommt dann oft zur Flucht des Mannes in eine neue Beziehung mit einer jüngeren Frau; nicht umsonst nehmen die Ehescheidungen zwischen dem 50., ja 60. und 70. Lebensjahr erstaunlich zu. In der neuen Beziehung gelingt es allerdings zumeist nicht, dem Problemkreis der Potenzängste auf Dauer zu entfliehen, sie werden nur zeitlich etwas verschoben.

Es ist eine biologische Tatsache, daß der sogenannte normale Mann bis ins hohe Lebensalter zeugungsfähig bleiben kann, obwohl relativ frühzeitig Potenzschwierigkeiten bezüglich seiner Potentia coeundi, seiner Beiwohnfähigkeit, infolge Hormonmangels bemerkbar sind. Und zwar treten diese Schwierigkeiten früher oder später auf, je nach Gesundheitszustand, früherer sexueller Aktivität und Familienstand. Verheiratete und sexuell von Jugend an aktive Männer behalten am längsten ihre Potenz, oft bis ins hohe Greisenalter. Die regelmäßig geübte, angstfreie, eingefahrene Sexualität mit dem gleichen Partner bewährt sich am längsten, nicht jedoch die Sexualität, die Gefahren und wiederholte Partnerwechsel sucht. Adipositas, Diabetes, Hochdruck, Gicht sind allerdings Gift für die Potenz. Wie sagt noch der Volksmund: »Ein guter Hahn...«?

Bei der Frau liegt die biologische Tatsache anders, ja umgekehrt. Sie verliert mit ca. 50 Jahren ihre Fruchtbarkeit, ihre sexuellen Möglichkeiten bleiben jedoch bis ins hohe Lebensalter fast konstant, bauen sich nur sehr allmählich ab. Das vorhin betreffs Adipositas etc. Gesagte gilt aber auch für sie.

Betreffs der *Häufigkeit* des Sexualverkehrs im Alter gibt es – wie in der Jugend – keine Norm, es gibt Schwankungen zwischen Null bis mehrmals täglich, am häufigsten wohl einmal pro Woche. Die Norm liegt jedoch nicht in der Durchschnittszahl, sondern im eigenen Bedürfnis! Besteht jedoch eine Sexualstörung im Sinne eines Begierde-, also Libidoverlusts oder einer Impotentia coeundi, also einer Beiwohnunfähigkeit des Mannes, so muß differenziert werden; es kann ein Hormonmangel sein, dann muß ein Arzt konsultiert werden, der mit Hormonen und anderem (z.B. auch apparativ/operativ) stimulieren kann. Es gibt seit einiger Zeit auch hilfreiche Spritzen, die der Mann zu gegebener Zeit selbst vornehmen kann. Oder es können Aphrodisiaka wie Yohimbin und ähnliche Präparate verordnet werden. Auch durchblutungsfördernde Medikamente oder Nitroglyzerin-Präparate sollen gelegentlich helfen. Sicher sind Vitamin E-Pillen auch für die Sexualität von Vorteil, auch von der Wirkung des Ginsengs wird gesprochen, und seit alters her geht dem Verzehr von Sellerie, Spargel, Petersilie und Trüffeln ein großer Ruf unter den Männern voraus. So ist es nicht ohne Reiz zu lesen, daß im Mittelalter der unteren Geistlichkeit der Genuß von Trüffeln nach Ablegen des Keuschheitsgelübdes verboten war.

Viele Krankheiten wie Diabetes mellitus, Hochdruck, zentrale oder periphere Durchblutungsstörungen stören das Sexualleben und müssen ärztlich behandelt werden. Viele Medikamente wirken im Alter störend auf die Sexualität, wie Psychopharmaka, Antidepressiva und Tranquilizer, Antihistaminika, Aldosteron-Antagonisten, Antihypertonika (insbesondere Reserpin und Betablocker), Parasympatholytica, Ganglienblocker, zum Teil auch Östrogene (für den Mann), die andererseits der Frau helfen, und Antikoagulantien. Auch starker Alkohol-, Nikotin-, ja Kaffee-Genuß wirkt störend. Alkohol hat ein Doppelgesicht: libido-erhöhend, aber die Erektion verringernd.

Oft wird man als Arzt von älteren Menschen gefragt, ob die Sexualität denn noch gesund sei, speziell für den Mann, besonders wenn dieser krank war, etwa einen Herzinfarkt oder Schlaganfall hatte. Die Antwort ist: Ja, Geschlechtsverkehr ist gesund, wenn das Bedürfnis bei der betreffenden kranken Person echt vorhanden ist und nicht nur beim gesunden Partner.

Auch hier können Faustregeln beachtet werden:

1. Faustregel:
Jeder, der beschwerdefrei in den zweiten Stock laufen kann, kann auch beschwerdefrei Sexualverkehr ausüben.

> 2. Faustregel:
> Der alte, kranke oder krankgewesene Mensch sollte die körperlich anstrengendere, isometrische Belastung des oben Liegenden meiden; die Seitenlage oder Untenlage ist also vorzuziehen.
> Weitere Vorsichtsmaßnahmen gibt es nicht!

Es geschieht im übrigen oft ein Wunder, wenn die eigene Angst und – oft noch wichtiger – die des Partners genommen wird und der alte Mensch aus kindhaftem Verhalten oder Bemuttertwerden wieder via Sexualität in das normale Leben zurückgeführt wird!

Hier soll auch kurz auf die *situativ bedingte Impotenz* eingegangen werden. Mit welcher Gedankenlosigkeit wird den alten Menschen oft begegnet, sobald sie nicht mehr allein, sondern in der Großfamilie oder gar im Seniorenheim leben (ich spreche nicht von Pflegeheimen). Hier wird eine situative Abgrenzung oftmals direkt verhindert. Die Möglichkeit, einen Raum abzuschließen, ist jedoch eine Primärforderung, ist das Recht eines jeden reifen, gesunden Menschen zu jeder Lebenszeit, warum er es auch immer möchte. Es kann nicht sein, daß nur die Toilette, ja selbst die noch nicht einmal, der einzige Ort der Intimität sein kann!

Da Frauen älter als Männer werden, steht die alte Frau im allgemeinen als Single da. Mit der Sexualität im höchsten Alter fertigzuwerden, ist häufiger ihr Problem als das der Männer.

Die gesellschaftlichen Tabus stehen allerdings, wie schon ausgeführt, voll gegen die Sexualität der älteren Frau. Auf keinem Sektor der Sexualität gibt es so viel Heuchelei und Lüge wie speziell auf dem der Alterssexualität. Seit Jahrhunderten werden Tabus, Vorurteile gegen die alternde Frau zum Schutz des alternden Mannes aufgebaut. Solche Schutzbehauptungen sind dann: Das Alter der Frau beginnt mit dem Klimakterium, der Mann aber altert individuell und viel später. Ein absoluter Unsinn! – seit Jahrhunderten aber fest in unseren Köpfen sitzend – leider auch in denen der Betroffenen, nämlich der Frauen. Frauen leben im Gegenteil etwa sieben Jahre länger als die Männer, und das wohl kaum, weil sie früher und schneller altern! Leider wirkt ein solches Vorurteil, an das man selbst glaubt, via Autosuggestion dann auch auf das Befinden in Richtung des Vorurteils. Die subjektive Befindlichkeit prägt nämlich den Menschen, auch die Frau, meist stärker als der objektive, nämlich medizinische Befund. Und viele ältere und alte Frauen fühlen sich älter als sie sind, verdrängen ihre Sexualität, weil ja nicht sein kann, was nicht sein darf. Sie spielen die Matrone, wie ihre Mütter es taten.

So wird die Medizin im Volksmund durch jahrhundertealte Vorurteile auf den Kopf gestellt. Tatsache ist nur der Verlust der Fruchtbarkeit im Klimakterium der Frau mit vegetativer Umstellungsschwierigkeit. Der Rest ist oftmals Fehlverhalten »wegen der Leute« und aus Tradition. Gott sei Dank ist hier aber einiges in Fluß gekommen und wird sicher noch weiter voranschreiten.

Sexuelle Aktivität ist jedenfalls insgeheim noch oft vorhanden – und sei es nur in den Träumen, die ja frei sind! Wenn sie bewußt ist, kann sie meist mangels Männerangebots nicht mehr ausgeübt werden, oft will die Frau auch keine neue Partnerschaft, sei es, daß ihre früheren Beziehungen nun sehr gut oder sehr schlecht waren.

Manche Frauen wie auch Männer fallen in die Selbstbefriedigung der Kindheit als einen Ausweg zurück. Andere bauen eine mehr oder weniger zärtlich-erotisch gefärbte und/oder ausgereift-seelische Beziehung zu einem Partner auf, die wesentlich beglückender und ausfüllender für beide Teile sein kann als frustrierende Erlebnisse der Impotentia coeundi. Andere Frauen wie Männer verinnerlichen sich sublimierend in der Kunst und vielen kunsthandwerklichen Betätigungen. Kinder und Enkel sind ein weiteres Betätigungsfeld der meisten. Aber auch die Pflege guter Freundschaften unter Geschlechtsgenossen/innen ist eine der selbstzustellenden Aufgaben der Alternden und Alten, um nicht zu vereinsamen oder gar zu verbittern. Kirchliche Vereine, aber auch viele andere Gruppen scheinen zunehmend Terrain besonders bei alten und sehr alten Frauen zu gewinnen, um die Einsamkeit sich neigender Tage zu mindern. Dies gilt natürlich ebenso für Männer. Wer selbst über keinen großen Bekanntenkreis verfügt, sollte den Schritt in die Vereine nicht scheuen – Gruppenerlebnisse beflügeln!

Im übrigen noch einmal: Sexualität im Alter, und nicht nur im Alter – aber sicher dort besonders – ist nicht nur Sexualvollzug. Die anderen, erotischen Qualitäten stehen im Vordergrund, nämlich die der gefühlsmäßigen Hingabe und Liebe, der Zärtlichkeit, alle Möglichkeiten der charmanten Zuwendung auf der weiblichen und Kavaliersverhalten auf der männlichen Seite, eben der Versuch, den anderen seelisch zufriedenzustellen. Daraus kann sich allmählich ein Glück entwickeln, das vielleicht anders als in der Jugend, aber keineswegs geringer ist.

Hirntraining als Geistes-Hygiene

»Es ist der Geist, der sich den Körper baut.«

Schiller schreibt dies in seinem Drama »Wallenstein« und spricht damit eine Weisheit aus, die sich erst in unserer Zeit zunehmend beweisen läßt. In den ersten Kapiteln dieses Buches war davon schon einmal die Rede. Geistige Arbeit fördert auch körperliche Gesundheit. Dies gilt für jedes Lebensalter. Wie können wir nun das für unsere Gesundheit so wichtige Denkvermögen erhalten, das Nachlassen des Geistes verhindern, oder es gar verbessern, wenn die geistigen Kräfte bereits nachgelassen haben?

Auch hier werden schon neue Wege beschritten, oder es zeichnen sich Ansatzpunkte dafür ab. Ich spreche nicht von Medikamenten, obgleich auch diese zu mancherlei Hoffnungen Anlaß geben. Vor allem möchte ich von dem für das Gehirn Wichtigsten überhaupt sprechen: vom aktiven Trainieren des Geistes, welches für jedermann machbar ist, zum großen Teil sogar selbständig und kostenlos. Es gehören allerdings Interesse, Motivation, Energie und Ausdauer dazu, wie zu vielen Dingen des menschlichen Lebens. Voraussetzung für das Training des Gehirns ist die *Motivation*, die Erkenntnis, daß man für sein Denkvermögen etwas tun muß und tun will. Sie gehört in den Bereich der Eigenverantwortlichkeit. Es gibt allerdings Vermutungen, wonach auch die Motivationsfähigkeit vom Eiweißhaushalt abhängt. Ohne oder mit zu wenig Motivation ist der Erfolg beim Lernen und Trainieren zweifelhaft. Darüber hinaus braucht man auch die Gelassenheit, sich durch Fehlschläge nicht entmutigen zu lassen. Fehl- und Rückschläge gehören nun mal zu jeder positiven Entwicklung, wie Regen und Sonnenschein zusammengehören. Sie sollen nicht entmutigen, sondern im Gegenteil neuen Ansporn geben. Die Sonne scheint sicher wieder!

Das Gehirn *üben*, heißt: das Gehirn *arbeiten* lassen, es nicht schonen, sondern ihm Aufgaben stellen.

Sicher ist, daß man aktiv sein muß; passives Mithören, ohne mitzudenken, Fernsehen, ohne kritisch zu hinterfragen, reichen sicher nicht aus.

Dazu braucht der Mensch natürlich auch ausreichende Pausen und Erholphasen, um zu entspannen.

Insgesamt gesehen muß die Denk- und Merkfähigkeit aber gefordert und nicht geschont werden. Die Notwendigkeit dafür liegt im Aufbau der Hirnstruktur.

Werden nämlich für die Denkfunktion wichtige Synapsen oft gefordert, so werden sie im Bereitstellen der Transmitter geübter, ja schließlich wird mehr Transmitterstoff bereitgestellt. Solche Synapsen wachsen dann sogar.

Nur so ist die *Vigilanz* der Person bis ins Greisenalter erhaltbar. Vigilanz ist geistiges Wachsein, die Fähigkeit geistiger Informationsaufnahme und Informationsverarbeitung sowie die Fähigkeit zur sinnvollen Reaktion auf diese; sie umfaßt also die mannigfaltigen Denk- und Gedächtnisleistungen. Eine Vigilanzstörung kann außer durch jahrelangen Mangel an Hirntraining auch durch ungünstige Erbanlage, lebenslange Fehlernährung, Bewegungsmangel, Nikotin und Alkoholgenuß oder Krankheiten verursacht werden; darüber habe ich bereits geschrieben.

Wie *oft* sollte ein Gehirn trainiert werden? Am besten täglich. Das tägliche Hirntraining ist besser als das Intervalltraining; einmal kann das Trainieren seinerseits nicht so leicht vergessen werden, zum anderen kann ein Trainingsintervall von einer Woche bereits ein meßbares Defizit des Intelligenzquotienten bringen und den Trainingserfolg vernichten. Der Stoff muß zunächst innerhalb von 20 Minuten, aber auch in den nächsten Tagen, Wochen und Monaten wiederholt werden. Der *Dauer* sind keine Grenzen gesetzt: Acht Arbeitsstunden mit Pause gelten in unserem Kulturkreis auch für geistige Arbeit als Regel. Der noch Berufstätige wird nur 10 Minuten bis eine halbe Stunde Zeit zusätzlich aufbringen können, aber diese auch aufbringen sollen, es sei denn, daß er einen ausgesprochen geistfördernden Beruf hat.

Hirntraining darf jedoch nicht unter *Zeitdruck* erfolgen. Es sollte auch hier ein gewisser Rhythmus eingehalten werden. Ein fester *Tages- wie Arbeitsrhythmus* ist generell gut. Besonders wichtig ist er für berentete, ihre Zeit frei gestaltende Menschen, damit sie nicht aus dem Tagesrhythmus der Gesamtbevölkerung fallen. Sie verpassen sonst wichtige Anschlüsse an die aktive Umwelt, erhalten wichtige Information etwa nur noch aus zweiter Hand, ohne eigene Aktivität – aus dem Fernseher.

Wie sollte nun geübt werden? Auch da gibt es bereits viele Methoden und verschiedenartige Möglichkeiten, die alle etwas für sich haben. Auch hier muß jeder wieder den für sich richtigen, individuellen Weg finden. Dieser Weg hängt sicher von der Ausgangs-Intelligenz ab, vom bisherigen beruflichen und privaten Werdegang, also von der Schul- und Lebensbildung (damit auch von der seelischen und sozialen Bildung), in die äußere Möglichkeiten, Begabung, Interessenlage und Persönlichkeit hineinschwingen.

Für jeden gilt aber das gleiche: Lernen beginnt mit der *Konzentration.* Bei der heutigen Reizüberflutung mangelt es oft gerade daran. Aber Konzentration heißt, sich gedanklich auf einen Punkt beschränken, den man gerade bearbeitet. Alle anderen Reize müssen unbeachtet bleiben. Konzentration läßt sich ganz ausgezeichnet im Autogenen Training üben. Es gibt aber auch noch andere Konzentrationsübungen, etwa den Pendelversuch oder andere, wie bei vielen Autoren, z. B. Klampfl-Lehmann beschrieben.

Wenn wir uns erst einmal auf einen Lernstoff konzentriert haben, müssen wir versuchen, möglichst viele der vorhandenen Sinne zur Aufnahme des Stoffes zu benutzen.

Es ist also besser, gleichzeitig etwas zu hören und zu sehen, aber *aktiv* (nicht passiv wie meist beim Fernsehen), also zum Beispiel sich selbst Vokabeln oder anderes laut vorlesen. Das allein reicht aber auch nicht aus, es sollte zusätzlich bildhaft vorgestellt und dabei kritisch hinterfragt werden. Dies gilt auch für das Merken von Namen, Zahlen oder Begriffen. Man sollte sich optische oder wie auch immer geartete Eselsbrücken bauen, die eher im Gedächtnis haften bleiben. Das Wiedererinnern von Bildern ist deutlich leichter als das von Worten. Der Name Meier kann mit Eiern, Müller mit Mehl oder Mühle optisch assoziiert werden; die Zahl zwei mit Zwilling; drei mit Dreirad etc. Manchmal hilft auch die Frage an sich selbst: Warum kann ich mir den Namen, das Gesicht nicht merken? Sympathie und Antipathie oder nur Desinteresse spielen eine große Rolle. Hier kommen wir wieder auf die Motivation oder Konzentration zurück, die beide bei Desinteresse fehlen.

Lernen heißt wiederholen: *Repetitio est mater studiorum* – Generationen von Schülern haben es erfahren. Wir wissen, daß dies mit der Struktur der drei Gedächtnisse zusammehängt. So können wir auch die Vorteile erklären, zu lernenden Stoff selbst aufzuschreiben, um ihn bildhaft vor sich zu haben, in eigener Schrift. Denn das Auge ist der beste Wegbereiter für die Großhirnrinde, in der Wissen gespeichert wird. Das Schreiben hat auch den Vorteil, daß es langsamer als Lesen erfolgt und das Ultrakurzzeitgedächtnis durch zu schnelles Lesen und zu große »Leseportionen« überfordert wird.

Nur der Stoff, der innerhalb der Zeit des anhaltenden Kurzzeitgedächtnisses wiederholt wird, kann vom Kurzzeitgedächtnis ins Langzeitgedächtnis aufgenommen werden. Zumeist wird dies durch Lernen ganz bewußt geschehen, zum Teil geschieht es aber auch unbewußt durch Assoziationen, also gewissermaßen durch Anhängen an bereits bekanntes Wissen. Wer viel weiß, lernt also schneller! Assoziationen können und sollten deshalb auch in Form von Eselsbrücken bewußt zum Lernen benutzt werden. Wenn man dem Ultrakurzzeitgedächtnis innerhalb von 20 Sekunden zuviel Stoff anbietet, wird es vorauswirkend (proaktiv) gehemmt.

Daher gilt folgende Faustregel:

> Der Lernstoff muß portioniert und langsam gelernt werden. Er sollte innerhalb von 20 Minuten wiederholt werden, also innerhalb der Phase des Kurzzeitgedächtnisses. Eine Wiederholung am nächsten Tag, in der nächsten Woche, in einem Monat und in einem Jahr sichern den Verbleib im Langzeitgedächtnis.

Ältere Menschen werden sicher sogar häufiger wiederholen müssen, also nicht nur am nächsten, sondern auch an den übernächsten Tagen. Für Jugendliche werden weniger Wiederholungen genügen.

Sie werden denken: Unmöglich! Das ist ja kein Vergnügen mehr. Sicher, es ist Arbeit. Sie ist aber wichtig für Ihr Hirn, und erst nach einiger Zeit erwächst Ihnen ein dann allerdings großes Vergnügen durch die Zunahme der Vigilanz Ihrer Person.

Am günstigsten wirkt sich für die meisten Menschen das Lernen eines neuen Stoffes aus, also vielleicht einer neuen Sprache, oder das Vervollkommnen bzw. Wiederauffrischen einer schon einmal gelernten. Hier bieten sich Sprachschulen, Volkshochschulen, private Konversationsrunden an, manchmal hat bereits ein Inserat in der Zeitung geholfen, Gleichgesinnte aufzutun. Viele Menschen erfreut es, Gedichte, ja ganze Theaterstücke auswendig zu lernen, auch dies kann sehr anregend auf die Gesamtpersönlichkeit wirken, besonders wenn der Inhalt dabei hinterfragt und der Stoff dann in den Freundeskreis, die Familie eingebracht wird.

Es gibt genügend Laiengruppen, um sich – auch mit 50 oder 70 Jahren – als Schauspieler zu profilieren. Unsere Phantasie wird im 50jährigen, im 70jährigen Gretchen noch den Liebreiz der Vergangenheit erahnen; die Reife des Lebens gereicht ihr sicher zur Größe.

Ferner kommen Kartenspiele in Betracht, insbesondere die, bei denen man sich die bereits ausgespielten Karten merken und eine Spielstrategie entwickeln muß, also beispielsweise Bridge. Dabei wird das Kurzzeitgedächtnis hervorragend trainiert. Schach ist als solcher Hirntrainer bereits allerorts bekannt. Auch aus Japan stammende schachähnliche Spiele sind dafür geeignet. Spiele wie Monopoly oder ähnliche dienen zumeist der Unterhaltung. Für die Vigilanz sind sie unnütz, weil hierfür zumindest ein aktiver Denkansatz und/oder Merkvorgang erforderlich ist.

Kreuzworträtsel fragen meist nur altes Wissen ab, können bei manchen Menschen, die Wissen nicht so reichlich gespeichert haben, sogar Frustration hervorrufen. Da Altwissen meist bis ins hohe Alter verfügbar bleibt, sind diese Geistesspiele für die verlorengegangene Vigilanz unergiebig. Vielversprechend aber sind sie gegen Wortfindungsstörungen, die nicht selten sind. Es handelt sich um die mangelnde Fähigkeit, gespeichertes Wissen, welches oftmals ins Unterbewußtsein abgesunken ist, jederzeit parat zu haben. »Es liegt mir auf der Zunge« – holen Sie Ihr Wissen mit Hilfe eines Kreuzworträtsels wieder vor.

Musikalische Menschen haben sicher Freude am Musizieren. Sie sollten ihr Gedächtnis durch Auswendigspielen üben. Sie trainieren das Hirn dann gleichzeitig über Spielen, Hören und Rekapitulieren.

Selbst ein neuer Tanz übt mehreres: Sich-Bewegen, Hören, Schritte-Lernen. Kreative haben etwa im Schreiben von Prosa oder Poesie, im Komponieren, Malen oder Basteln einen Anschub zur positiven Persönlichkeitsentfaltung. Es gibt an vielen Orten entsprechende Amateurschulen (z. B. Malschule Salzburg etc.), die jedem Alter offenstehen.

Kreativität, eigenschöpferische Produktivität ohne äußeren Zwang, aber mit innerem Muß scheint ein nicht nachlassender Motor des Lebens zu sein. Haben Sie Mut, diesen Motor für sich anzukurbeln!

Mathematisch Begabte sollten sich nicht scheuen, alte Rechenaufgaben herauszukramen, sie neu auszurechnen; technisch Begabte irgendetwas zu tüfteln, handwerklich Begabte irgendetwas Neues zu arbeiten, biologisch Interessierte etwas anzubauen, zu beobachten, aufzuzeichnen. Die Palette der Möglichkeiten ist schier endlos. Privatgelehrte – ans Werk! Aber auch alle Praktiker und Tüftler, schlicht alle Aktiven. Lassen Sie diesen Strom der Aktivität nicht versiegen, der tatsächlich ein Strom des Lebens ist.

Im übrigen gibt es heute schon spezielle, von Medizinern und Psychologen herausgefundene, wissenschaftliche Methoden des Trainierens von Gedächtnis, Konzentration und Lernvermögen; *Hirn-Jogging* nach Fischer-Lerl, abgekürzt: Ge-Jo. Es verspricht eine Sparte der Zukunft zu werden. Man kann sich dabei an Computern in Konzentration, Kurzzeitspeichern und Abrufen von Kurzzeitspeicher-Kapazitäten üben; alle drei Vorgänge sind solche, die im Alter nachlassen. Solche Computer gibt es in manchen Praxen bereits. Es gibt auch bereits Programmhefte, mit denen man ohne Computer, nur mit dem Schreibstift, zu Hause üben kann, ja sogar Kartenspiele. Der IQ eines Ge-Jo-Geübten steigt im allgemeinen um 15 Punkte gegenüber dem des Ungeübten, wobei körperliche Aktivität zusätzliche Fortschritte bringt.

Oder testen Sie die zahlreichen Methoden, die beispielsweise von Klampfl-Lehmann als »Schlüssel zum besseren Gedächtnis« beschrieben worden sind.

Für Hochbetagte und Greise aber ist das Einfachste das tägliche Zeitunglesen. Es muß nicht immer die große Weltpolitik sein; Nachrichten aus dem Heimatbereich haben bereits Stoff zu bieten, über den man mit Nachbarn oder Familienangehörigen reden und den man auch für sich allein zum Zwecke des Nacherzählens wiederholen kann. Man muß es aber tun und es nicht aus Hemmungen und Angst vor der Niederlage lassen.

Während der längsten Zeitspanne des Lebens ist sicher der Beruf bei den meisten im hohen Maße für geistige Anregungen verantwortlich, verbraucht er doch ein Drittel unserer Tagesabläufe. Auch von daher scheint es richtig, einem fähigen Menschen die »Rente à la carte« zu erlauben und ihn nicht in sie zu zwingen. Er wird nämlich auch noch gebraucht! Alternde und alte Menschen sind bei weitem nicht an jedem Arbeitsplatz unerwünscht oder leicht ersetzbar. Es gibt eine Reihe von Faktoren und Fähigkeiten, die mit dem Alter *zunehmen,* auf die wir keinesfalls verzichten sollten.

Nach H. Scholz sind dies beispielsweise:

»Arbeits- und Berufserfahrung, Auffassungs- und Urteilsvermögen, Treffsicherheit bei Zuordnungs- und Konstruktionsaufgaben, Selbständigkeit und Fähigkeit zu dispositivem Denken, Geübtheit in geistigen und körperlichen (beruflichen) Fähigkeiten, Fertigkeiten, Verantwortungsbewußtsein, Zuverlässigkeit, Ausgeglichenheit, Kontinuität, menschliche Reife und positive Einstellung.«

Altersbeständig sind:

»Widerstandsfähigkeit bei üblichen physischen und psychischen Anforderungen, Dauerleistung, Bewegungsgeschwindigkeit, die im Bereich unterhalb der Höchstleistung liegt, Aufmerksamkeit, sprachliche Kenntnisse, Lösen von Alltagsproblemen – wenn diese Dinge konstant geübt wurden.« (H. Scholz).[2]

Der alternde und alte Mensch sollte daher – seiner Fähigkeiten selbst bewußt – nicht resignieren und sich auch in der Arbeitswelt behaupten. Er ist gefragt. Wir können als wichtige Industrienation Expertenwis-

---

[2] H. Scholz in: V. Böhlau, Altern und Arbeit. F. K. Schattauer Verlagsgesellschaft, Stuttgart, 1977.

sen, Spezialkönnen nicht einfach brachliegen lassen, weil der Träger nun gerade 65 Jahre alt wurde.

Wenn der alte Mensch aber nun bereits berentet wurde, sollte er nicht aufgeben. In Berlin gibt es den eingetragenen Verein »Tätiger Lebensabend«, welcher seine Arbeitsfähigkeiten anbietet. In Bonn ist ein »Senior-Experten-Service« gegründet worden, dessen Mitglieder ihre Fähigkeiten auch an die Dritte Welt segensreich weitergeben. Natürlich will nicht jeder weitermachen, besonders nicht jene, die ihren Beruf nicht mehr mögen. Sie können sich anders entscheiden. Der Alternde muß jedoch darauf achten, den Ruhestand frühzeitig und sorgfältig vorzubereiten, daß er zum Unruhe-Stand wird und nicht zur ewigen Ruhe. Die beste Vorbereitung ist das geistige Vorwegnehmen und nicht Verdrängen, das Pläneschmieden, Weichen-Stellen, eben: Vorbereiten.

Es ist erfreulich, daß man zunehmend berentete Menschen findet, die die ihnen geschenkte Zeit nutzen und nun – dennoch – den Beruf erlernen, der ihnen in der Jugend aus verschiedenen Gründen versagt blieb, oder studieren – einfach so – nur für die eigene Persönlichkeitsentwicklung. Ihnen gilt meine größte Hochachtung.

Sicher müssen noch weitere geistige Alternativen, Aktivitätsanschübe, sogenannte »Gero-Interventionen« (nach Thoma) geschaffen werden. Die Universitäten des dritten Lebensalters, die in Frankfurt, Marburg und anderswo Hochschulen angegliedert sind, sind nur einer der Schritte in die richtige Richtung. Sie wollen für alte Menschen und zusammen mit ihnen wissenschaftlich arbeiten und forschen, ohne dabei ein bestimmtes Berufsziel anzupeilen. Die Programme werden teilweise von den Hörern mitgestaltet, zumindest ihren Interessenlagen angepaßt. Es gibt zahllose Arbeitskreise fast aller Universitätsrichtungen, von den Teilnehmern werden zumeist keine Voraussetzungen, wie etwa das Abitur, gefordert. Es soll auch auf die Sommer-Universität in Berlin hingewiesen werden; auch kirchliche und Bürgerinitiativen sind zu nennen. Aber es müssen noch weitere Märkte erschlossen werden für das Heer der alten Menschen, die im 21. Jahrhundert und danach in der Bundesrepublik und anderswo leben werden.

Denn: *Die Zukunft gehört den Alten!*

Sie sind – zumindest als junge Alte – die gleichzeitig *weiseste* und *freieste* Gruppe in der Gesamtbevölkerung. Nicht selten haben sie heutzutage 10 bis 20 kostbare und sinnvolle Jahre vor sich, wenn sie etwas für und mit diesen Jahren tun.

Viele alte Menschen sagen aber leider: »Das kann ich nicht mehr lernen, dafür bin ich zu alt.« – Das ist ein schlechter, weil selbstschädigender Satz. In Wirklichkeit will der Mensch auch etwas anderes, verklausuliert, sagen, nämlich: Ich bin zu bequem, habe Minderwertigkeitsgefühle, ja: Ich bin depressiv.

Hier schaden Persönlichkeit und Stimmungslage der Intelligenz und damit dem Alterungsablauf. Zum guten Altern gehören aktive Persönlichkeit, ausgeglichene Stimmungslage und geübte Intelligenz.

All dies kann man sich aber rechtzeitig, nämlich in jungen Jahren, aneignen, wenn es nicht von vornherein vorhanden ist. Erzieher – ja notfalls Psychotherapeuten sind angesprochen, denn die Weichen für ein wünschenswertes Alter werden individuell und sehr früh gestellt. Wer allerdings als Älterer in einer an äußeren Reizen armen oder auch in einer sehr gleichförmigen Umwelt lebt, kann nicht genügend Sinneseindrücke bekommen. Deshalb leben ältere Bürger besser in der Stadt als auf dem Land.

Denn: Geistige Anreize und das Suchen der Vielfalt des Lebens sind im städtischen Bereich leichter zu finden. Theaterbesuche, Museumsbesuche, Konzerte und Vorlesungen, Ausstellungen, Messen etc. werden oft in großer Auswahl angeboten, sind besser erreichbar. Dabei ist der Akzent wieder auf das kleine Zauberwort aktiv zu legen. Es ist »gesünder«, weil aktiver, z. B. eine Oper im Opernhaus als am Fernseher zu erleben, die Vielfalt der Eindrücke ist erheblich größer, das Kritikvermögen wird oftmals stärker herausgefordert etc.

Aktiv sein kann so vieles bedeuten: Gehen, Sehen, Beobachten, Hören, Reisen, Sprechen, Singen, Malen, Denken, Schreiben etc. Die Welt schüttet ihr Füllhorn vor den Aktiven aus.

Es gibt keine Wunderpille gegen geistiges Nachlassen im Alter, es gibt aber das Wunder, das man selbst vollbringt, durch Aktivität des Geistes – einfach durch Neugier auf Wissen, auf Leben!

Seelische Ausgeglichenheit als Psycho-Hygiene

Nun haben wir über Körper und Geist nachgedacht; was aber ist der Mensch ohne die dritte Kraft seiner Natur, die Seele? Ein Gefäß ohne Inhalt, eine leere Hülle. Seelisches Schwingen in den reichlich vorhandenen Antipoden wie Freude und Schmerz, lieben und hassen, annehmen und verwehren – und unzähligen anderen – geben jeder einmaligen Person als Charisma, als Gnadengabe des Göttlichen besonderen Reiz und Ausstrahlung.

Die Möglichkeiten der Seele sind schier unerschöpflich. Sie kennt keine Kausalität, also sichere Verursachungen, aber zahlreiche Bedingungen und mögliche Folgen, die emphatisch, also seelisch mitschwingend, nachvollziehbar sind. Insofern kennt auch die Seele eine gewisse »Logik«, wenn auch wir sie nicht immer erkennen.

Ihre Wege sind wesentlich verschlungener als die ihrer mathematischen »Schwester«. Sie bietet dem nach dem WARUM Suchenden die interessantesten und großartigsten Einblicke.

Im Hinblick auf die Kunst des Alterns müssen wir uns jedoch auf die Frage beschränken: Wie sollte eine Seele schwingen, die in sich die Befähigung trägt, ein gesundes, hohes Altern zu unterstützen? Auch hier weiß man bereits einiges.

Man glaubt, daß sich *seelisch zeitgerecht* oder *verzögert* entwickelnde junge Menschen am gesündesten altern, nicht jedoch die frühreifen.

Die Seele scheint auch von daher ein kostbar' Ding zu sein, das besondere Zeit zur Reife braucht. Hier sollte man den *jungen* Menschen nicht überfordern, ihn gar in die Frühreife treiben.

Ferner glaubt man, daß Menschen mit einer gewissen *Entscheidungsfreudigkeit* gesünder altern. Dies ist gleichzeitig eine Absage an Neurotiker. Wieso? Wir kennen alle Menschen, von denen es gemeinhin heißt: Er kann sich nicht entscheiden, er weiß nicht, was er will. Solche Menschen leiden unter Ambivalenzen. Ihnen liegt ein Doppelgesicht ihrer Seele zugrunde, die Unfähigkeit, sich zwischen zwei inneren Möglichkeiten (Valenzen) entscheiden zu können; so z. B. zwischen der Möglichkeit, ein Risiko zu tragen oder ihm auszuweichen, rasch zu handeln oder abzuwägen, vorwärtszustreben oder zu beharren etc. Dabei sind diese Menschen von dem Zwang beseelt, alles richtig machen zu müssen, sich keinen Fehler erlauben zu können. Von diesem Doppelgesicht ihrer Seele sind die Unglücklichen dann so hin- und hergerissen, daß sie in einem dauernden inneren Konflikt stehen. Dieser kann sich verselbständigen und es kann, falls er verdrängt wird, eine Neurose entstehen, eine seelische Störung, die aus dem Unterbewußten heraus Leiden schafft.

Man kann daher den Menschen, die eine solche Tendenz zur Gegensätzlichkeit in sich verspüren, nur den Rat geben, sich im Entscheiden zu üben. Denn: Kein Mensch kann zwei Herren dienen, auch nicht in sich selbst. Es ist für solche Menschen sicher besser, »gesünder«, sich manchmal falsch zu entscheiden und diese Entscheidung dann gegebenenfalls wieder zu korrigieren, als sich überhaupt nicht zu entscheiden. Nach einem gefällten Entschluß muß man die eigene Unsicherheit und den Wunsch nach der besseren, der allerbesten Lösung rigoros unterdrücken und versuchen, zu seinem Entschluß zu stehen. Der Erfolg an innerer Befreiung ist der großen Mühe wert. Solche Versuche können zunächst ruhig auch ohne fachmännische, sprich psychotherapeutische, Hilfe unternommen werden.

Zum dritten sind *psychische Entspannung, seelische Ausgeglichenheit und innere Zufriedenheit* ein gewisser Garant für gesundes hohes Alter. Dazu gehört, elastisch zu bleiben im Verarbeiten von Frustrationen, die für keinen ausbleiben.

Denn: Lebensziele werden zumeist nur zum Teil erreicht. Man kann aber dennoch das Positive im Teilergebnis suchen, sowohl in der Vergangenheit, wie im Jetzt, als auch in der Zukunft.

Wie lang oder wie kurz die Zukunft noch sein mag, weiß Gott sei Dank niemand, auch der Kranke nicht. Aber wer ihr mutig und hoffnungsvoll, nicht resigniert, entgegensieht, der wird – auch körperlich – dafür »belohnt«. Gefühle wie Hoffnungslosigkeit oder Depression hemmen die Zahl der gegen Krebs oder Infektionen abwehrbereiten T-Lymphozyten im Blut, es wird auch weniger Interferon vom Körper gebildet. Dies wissen wir seit einiger Zeit. Auch von daher ist Ausgeglichenheit wünschenswert und gesundheitsfördernd.

Viele pflegen ihren Mangel an Ausgeglichenheit und ihre innere Unzufriedenheit mit »Streß« zu erklären und zu entschuldigen. Der »arme« Streß muß für gar manches herhalten. Was ist Streß denn eigentlich?

Der Begriff Streß ist in den letzten Jahren so ausgeufert, daß ich ihn erläutern möchte: *Streß* im ursprünglichen Sinn des Wortes wurde 1936 von dem Österreicher Selye in Kanada an Ratten entdeckt. Er stellte fest, daß diese Tiere auf die verschiedenartigen körperlichen Belastungen (z. B. Hunger, Angriff, Kälte, von ihm Stressoren genannt) mit immer der gleichen Reaktion des vegetativen Nervensystems antworteten: mit einer *Alarmstellung* dieses Nervensystems, auch *Schockphase* genannt; dies ist gewissermaßen die Schaltung auf Krieg. Man greift dabei an oder flieht.

Danach tritt eine *Abwehrreaktion* oder auch *Anpassungsreaktion* des Körpers auf, eine Art Friede: die Belastung als solche ist überwunden.

Nach gehäuften Belastungen kann schließlich eine *Erschöpfungsphase* auftreten; es kommt dabei zu einer völligen Verausgabung der Anpassungsfähigkeit – als Folge kommt der Körper dann bei Belastung nicht mehr aus der Alarmphase heraus! Es entsteht gewissermaßen eine Art permanenter Guerillakrieg gegen sich selbst. Streß ist also eine besondere Reaktionsfähigkeit des vegetativen Nervensystems. Dieses besteht bekannterweise aus zwei Nerven und ihren Ausläufern, dem Nervus Sympathikus und dem Nervus Parasympathikus. Dazu ein etwas vereinfachtes Denkmodell. Der Sympathikus hat eher die Aufgabe, auf die Schockphase, also Alarm, Anstrengung, Kampf und Krieg, zu schalten, der Parasympathikus dagegen auf die Anpassungsphase, auf Behütetsein, auf Ruhe, Friede. Das Steuerungszentrum für diese beiden Nerven liegt im Gehirn, im limbischen System; sie bekommen von dort viele Einflüsse auch von anderen Körperregionen, auch von der Seele und dem Denkapparat. Hier sind erste Einflüsse von der Seele auf den Körper denkbar.

Mit den Nervenenden dieser beiden Nerven werden alle unbewußten, dem Willen entzogenen, Steuerungen im Körper vorgenommen; die Gefäßweite, die Regulierung des Herzschlags, die Tätigkeit des Verdauungsapparats etc. Auch die Hormone und Hormonproduzenten stehen in Wechselwirkungen mit diesem autonomen Nervensystem: so die Hypophyse, die Schilddrüse, die Nebennierenrinde etc. Der ganze Organismus wird unbewußt vom Sympathikus/Parasympathikus gesteuert.

Normalerweise dauern extreme streßähnliche Steuerungen dieser Nerven nur kurze Zeit an und kehren dann zu einer gewissen Mittelstellung zurück. Dies ist gesund, zum Überleben notwendig.

Streß ist laut Selye eine an sich für den Menschen in allen Gefahrensituationen immer gleiche, zum *Überleben notwendige Alarmstellung;* dies wurde erst nach dem Zweiten Weltkrieg, zehn Jahre nach der Entdeckung, richtig gewürdigt.

Bald haben sich aber immer mehr wissenschaftliche Sparten außerhalb der Medizin damit befaßt. Der Streß wurde als soziokulturelles Problem betrachtet und den Medizinern längst von Psychologen, Soziologen, Journalisten etc. aus der Hand genommen.

Dadurch kam es auch zu einer Umfunktionierung des Begriffs, denn man versteht heute unter Streß den ursprünglichen Stressor, nämlich – grob gesagt – eine ungebührliche Anstrengung, welche krankmachend wirkt, nämlich zu einer Erschöpfungsreaktion bzw. zum Krieg mit sich selbst führt. Es ist also eine Begriffsumkehr eingetreten.

Man versteht darunter immer seltener eine körperliche Anstrengung, sondern zumeist eine seelische, wie Unlustgefühle, »Frustration« oder das Gefühl des Überfordertseins. Manchmal ist sogar nicht einmal die Arbeit selbst der Streß, sondern lediglich das Gefühl, mit der Arbeit nicht fertig oder nicht genügend gewürdigt zu werden und dagegen nichts tun zu können. Angst um den Arbeitsplatz, Mißgunst der Kollegen und gegenüber Kollegen, Reibereien, Unsicherheit und mannigfache Insuffizienzgefühle können sich unter dem Deckmantel Streß verstecken.

Zunächst wurde der Begriff Streß von höherstehenden Berufsgruppen für sich in Anspruch genommen, z.B. begriff ein Manager sich kaum noch ohne Streß. Hier ist der Begriff fast zu einer Art Statussymbol geworden, obwohl ein gestreßter Manager sicher gleichzeitig am Rande seiner subjektiven Leistungsfähigkeit steht.

Dies trifft wohl auf alle Menschen mit Streßgefühlen gegenüber dem Berufsleben zu. Da diese Gefühle oft unbewußt sind, können sie zunächst auch nicht immer zugegeben werden. Das Elitäre ist dem Begriff jedoch inzwischen wieder abhanden gekommen, nachdem bereits Schüler bemerkt haben, daß sie unter Streß stehen.

Gelegentlich kann so ein seelischer Streß sich körperlich auswirken. Der Weg, der vom Ärger über den Chef etwa zur meßbaren Erhöhung des durch den Nervus Sympathikus angeregten Organtonus führt, ist weit und noch nicht bis ins letzte geklärt. Es gilt jedoch – wie schon gesagt – als sicher, daß auch er über das Gehirn, insbesondere über das dort liegende sogenannte limbische System, läuft, welches Verbindungen sowohl zu hormonellen Zentren hat, wie nachgewiesenermaßen auch zu Gedächtnissubstraten und solchen, die dem seelischen Bereich angehören. All dies und vieles noch Unbekannte bedingen einander.

Ist ein gewisser individueller Pegel der Emotion, ein gewisser Punkt im Schaltsystem, ein Schwellenwert erreicht, dann läuft die Reaktion des vegetativen Nervensystems als Alarmreaktion nach immer dem gleichen Muster ab, bis hin in die Organe und kleinsten Zellen; der Körper reagiert als Ganzes! Reagiert er lange, schwer und oft genug, so bedeutet dies *Krankheit* für den Menschen. Wir nennen die auf diese Weise entstehenden Krankheiten *psychosomatische;* es sind seelisch ausgelöste oder unterhaltene echte körperliche Krankheiten. Sie können an fast allen Organen auftreten. Unklar sind allerdings die physiologischen Mechanismen der *Organwahl* im Krankheitsfall.

Wie kommt es, daß Herr Meier auf den Ärger mit dem Chef mit Herzinfarkt antwortet, Herr Schultze am Nachbarschreibtisch bei gleicher Belastung aber mit Magengeschwüren?
Die endgültige Antwort auf diese Frage ist die Wissenschaft uns noch schuldig geblieben, obwohl es bereits einige Modellvorstellungen gibt. Ich will hier nicht darauf eingehen. Sicher sind aber auch hier genetische Faktoren anzunehmen, also eine gewisse Organschwäche; es wirken auch Persönlichkeitszüge (etwa seelische Labilität, Psychastenie, Übergenauigkeit, Anankasmen etc.) und individuelle Umweltfaktoren (Familie, Schule, Freunde), insbesondere frühkindliche Unsicherheitsfaktoren ein (wechselnde Bezugspersonen, Fehlen oder große Jugendlichkeit der Mutter, unerwünschte Schwangerschaft, lange Geschwisterreihe mit großen zeitlichen Abständen zwischen den Geburten).

Wir wissen heute, daß es eine lange Reihe von solchen psychosomatischen Erkrankungen gibt. Es würde den Rahmen dieses Buches sprengen, wollte ich sie alle mit ihren Entstehungsmöglichkeiten aufzählen. Erwähnt seien Hochdruck, Hyperthyreose (Schilddrüsenüberfunktion), Herzneurose, Migräne, Arthritis, Zwölffingerdarmgeschwüre, Asthma bronchiale, Verstopfungen, Colitis, Diarrhoen, Erschöpfungszustände.

Hierzu einige besonders erstaunliche Schlaglichter:

Bei sogenannten »Unfallern« (Menschen, die häufig Unfälle erleben) sind übereinstimmende Persönlichkeitsmerkmale gefunden worden.

Es handelt sich um impulsive, eher ungeordnet lebende, abenteuerliebende, oft noch unreife Menschen mit unausgelebten Aggressionen speziell gegen Autoritätspersonen, die aber deswegen gleichzeitig unbewußte Schuldgefühle haben – mit Selbstbestrafungstendenzen! Sie handeln unbewußt also dem Motto gemäß: Nach dem Ärger mit meinem Vater möchte ich ihm an den Wagen fahren – und mir selbst füge ich (aus schlechtem Gewissen?) leichtsinnig einen Autounfall zu.

Menschen mit Herzinfarkt haben ebenso sich ähnelnde Persönlichkeitsmerkmale: Als gewissermaßen typischste Kinder unserer Zeit sind sie auf Erfolg getrimmt, ehrgeizig, ausdauernd, strebsam, selbstbeherrscht; sie sind in der Lage, unmittelbare Befriedigung (z. B. Freizeit, Entspannung) zugunsten eines Fernziels (Beförderung) aufzuschieben. Aber eben oft zu lange!

Nun eine Überraschung: Auch Infektionskrankheiten (unter anderem die Tuberkulose) können in das erweiterte Bild der psychosomatischen Erkrankungen gehören. Lassen Sie mich anhand der einfachen Mandelentzündung (Tonsillitis) auf bestimmte Entstehungserleichterungen dieser Erkrankung hinweisen, da es wohl kaum einen Menschen gibt, der noch keine solche Mandelentzündung gehabt hat. (Ich spreche wohlgemerkt nicht von dem üblichen grippalen Infekt mit Schluckbeschwerden.)

Anatomisch gesehen muß der Rachenraum mit seinem lymphatischen Drüsenring schlechthin Ort ständiger Abwehr aller möglichen Erreger sein, die durch den geöffneten Mund hereinkommen. Dieser lymphatische

Drüsenring erfährt in der Pubertät normalerweise eine Rückbildung; der normal reifende Mensch kann daher ab Geschlechtsreife an diesen Drüsen nur schwach erkranken. Erkrankt er doch sehr schwer, wird man also fragen, warum der Rachenring sich nicht ausreichend rückgebildet hat und das gestörte Abwehrgleichgewicht des Körpers gerade heute zur Mandelentzündung führt und nicht vor drei Wochen unter fast gleichen Umständen, was Keimbesiedlung und den berüchtigten Durchzug bei offener Tür anbetrifft.

Es ist nun statistisch auffallend, daß gleichzeitig mit der Infektion gehäufte Krisen in der sexuellen Sphäre feststellbar sind, welche bei diesen Menschen konflikthaft besetzt ist. Eine verzögerte Rückbildung der Rachenmandeln mit weiterhin gehäuften Infekten über die Pubertät hinaus kann oftmals also als Zeichen verzögerter psychosexueller Reifung verstanden werden.

Diese Kenntnisse sollen uns nicht von einer schulgerechten medizinischen Behandlung abhalten, könnten aber manchmal die Operationsfreudigkeit beeinflussen. Entfernen wir operativ doch nur das Erfolgsorgan einer psychosexuellen Störung, welche danach verdeckter weiterbelastet.

Dies gilt auch für eine weitere häufige Erkrankung, das Zwölffingerdarmgeschwür, das Ulcus Pepticum, ein Geschwür in jenem Teil des Verdauungstraktes, der mit dem Magensaft in Verbindung tritt. Auch hier können Statistiker feststellen, daß es soziokulturelle Faktoren gibt, die ein solches Auftreten wahrscheinlicher machen, nämlich der Geborgenheitsverlust (z. B. bei Gastarbeitern, Flüchtlingen, Arbeitslosen, ausländischen Studenten) von Menschen, die aus einer behüteten Gemeinschaft – zumeist mit mangelnder eigener oder nur oberflächlicher Motivation – ausgeschieden sind.

Es ist zumeist ein typische Psychodynamik zu beobachten: Diese Menschen sind in (infantiler) Abhängigkeit in ihrer inneren Haltung auf Zuwendung und Verwöhnung (= Füttern) von anderer Seite (Mutter, Ehefrau, Firma) eingestellt, und zwar in Form einer Riesenerwartung, die fast immer unerfüllbar ist, zu Enttäuschungen und Frustrationen führen muß.
Sie bleiben auf der kindhaften Stufe des Hilfesuchens bei einem anderen – wie sie hoffen – reiferen Menschen stehen, anstatt die Eigenständigkeit jeden Erwachsenseins zu erkennen und für sich anzunehmen. Wenn dieses Hilfesuchen nicht mehr klappt, entstehen Enttäuschungen und Aggressionen, die aber aus Angst vor Verlust der noch oder überhaupt bestehenden, jedoch als zu gering empfundenen Zuwendung nicht ausgelebt werden können. Ganz banal: Die Aggression wendet sich nach innen, der Mensch verdaut sich selber, ißt sich selber auf, anstatt sich mit seiner Umwelt auseinanderzusetzen. Es ist heute hinreichend bekannt, daß Ulzerationen, besonders wenn sie wiederkehren, nicht allein mit Medikamenten und schon gar nicht mit Operationen zu heilen sind, wenn es nicht gelingt, den ausstehenden Reifungsprozeß in Gang zu bringen.

Sie sehen: Der Weg zur eigenen Krankheit ist gar nicht so weit. Sicher wird nun gefragt werden: Wer ist denn da noch normal? Das ist völlig richtig. Normal ist kaum einer! Es gibt nämlich keine Norm, nach der der sogenannte »Normale« bestimmt werden kann. Normalität ist keine von Gott oder Staat vorgegebene Größe und das Gesetz unserer eigenen Natur kennen wir nur bruchstückhaft.
Bisher ist die Norm der Durchschnittswert der Masse, den wir alle mit unseren mehr oder weniger großen Schwierigkeiten und den mehr oder weniger starken

Reaktionen darauf darstellen, mögen wir sie nun Stimmung, Laune, Nervosität, Komplexe, Minderwertigkeitsgefühl oder wie auch immer nennen.

Die Definition des Begriffs »Krankheit« ist besonders in deren Anfängen schwer festzusetzen, noch stärker gilt dies für den seelischen Sektor. Wir befinden uns alle mit unserer seelischen Reaktion irgendwo in der Reihe zwischen ausgeglichenem Wohlbefinden und Krankheit, wenn auch nicht täglich am selben Platz und ganz selten an einem dem Betreffenden selbst bewußten Standort.

Nachdem klargeworden ist, daß seelische Spannungen bei allen Menschen – zumindest gelegentlich – vorhanden und krankheitsfördernd sind, lassen Sie mich nun versuchen, Wege aufzuzeigen, die Sie selbst zur psychischen Entspannung, seelischen Ausgeglichenheit und inneren Zufriedenheit und damit auch zur Psycho-Hygiene als Altersprophylaxe gehen können. Ich zeige diese Wege wiederum in der Form von Faustregeln auf, damit das Fragmentarische deutlich, das Machbare unterstrichen wird.

1. Faustregel: Vermeiden Sie Dis-Streß!

Ich meine speziell den Streß im heute landläufigen Sinne, nämlich jede Form von *seelischer Daueranstrengung,* von lange Zeit anhaltender Alarmschaltung, um irgendein Ziel aus emotioneller Reaktion (aus Ehrgeiz, Neid, Geltungsstreben, Machthunger, zum Kompensieren von Minderwertigkeitsgefühlen etc.) doch noch zu erreichen.

Auf keinen Fall ist die lockere Belastbarkeit gemeint, nichts gegen Einsatzwillen und Kampfgeist gesagt! Sie gehören unbedingt zur Ausformung der Persönlichkeit. Die *Zufriedenheit* ist immer auch an *Forderung* gebunden. Ich erinnere aber an unser Gedankenmodell von Krieg und Frieden in Zusammenhang mit Sympathikus und Parasympathikus. Einen kleinen Aufstand hin und wieder können viele verkraften, den Sieg genießen, ja regelrecht brauchen, jedoch nicht den Dauerkrieg. Zwischen den Streßmomenten braucht man Ruhe und Entspannung. Kommt es zu einem Überangebot an Streßhormonen (Adrenalin und Noradrenalin), treten oftmals Denkblockaden, sogenannte *black outs,* auf. An den Synapsen wird dabei das Austreten der Transmitter verhindert, dadurch der Informationsfluß unterbrochen. Jetzt wird klar, daß solcher Streß auch für das Abrufen und Speichern von Gedächtnisinhalten schädlich ist. Manche werden solche *black-outs* kennen. Vielen Menschen sind Zeitdruck und Hetze gefährlich. Es ist wahrscheinlich aus dieser Sicht gesünder, 10 Stunden ohne Zeitdruck zu arbeiten als sieben Stunden unter einem solchen (übertrieben ausgedrückt). Dabei ist die Rolle der *Motivation* des Tuns sicher am wichtigsten. Unlustgefühle, Unsicherheit und Angst sind schlechte Helfershelfer. Eine Arbeit, die man vorwiegend nur aus Muß und Zwang oder zu Kompensationszwecken des eigenen verringerten Selbstwertgefühls verrichtet, ist viel verkrampfender als eine, die ausgesprochen lustbetont und locker im Wissen um das eigene Können, eben auch aus Spaß, gemacht wird. Streß im engeren Sinne ist sehr gesund und für uns alle notwendig, nämlich das gelegentliche Gefordertsein, das zu einer Alarmreaktion des Sympathikus und dann wieder zur Null-Lage zurückführt, im Psychischen eine positive Erkenntnis im Sinne eines angstfreien Entspannungsgefühls hinterläßt: Ich hab's geschafft! Jede solche Herausforderung, die bestanden wird, erhöht das Selbstwertgefühl und formt die Persönlichkeit weiter aus, führt zur Selbstverwirklichung.

Diese Art von Streß wird auch ›*Eu-Streß*‹ (der gesunde) im Gegensatz zum ›*Dis-* oder *Dys-Streß*‹ (dem krankmachenden) genannt. Mit anderen Worten: Bejahen Sie den gesunden Streß, meiden Sie den krankmachenden. Finden Sie Ihre Grenzen!

Die Grenze zwischen beiden ist *individuell* verschieden. Suchen Sie die Ihre! Versuchen Sie dabei aber ehrlich zu sich selbst zu sein, ob Ursache und Wirkung, Anstrengung über eine lange Zeitdistanz und ein erreichbares Ergebnis noch in einem für Sie vernünftigen Verhältnis zueinander stehen, oder ob Sie bereits in einem ständigen Krieg mit sich selbst oder der Umgebung leben.

Sie können Ihre Erkenntnisse notfalls auch allein für sich verwerten. Aber versuchen Sie, die Grenze Ihrer psychischen Belastbarkeit zu *erkennen* und *einzuhalten!* Sie kennen sicherlich das Gefühl des Verkrampftseins: Kopfschmerzen, Verstimmungen (Launen), Nervosität, Schlafstörungen sind oftmals alarmierende Signale für eine möglicherweise nahende psychosomatische Erkrankung. Nehmen Sie dann Ihre Arbeit nicht mit nach Hause, nicht tatsächlich und nicht in Gedanken! Versuchen Sie sich wenigstens am Abend zu entspannen! Sie können dazu Hilfen benutzen. Ich meine nicht die Betäubung mittels Schlaftablette, Beruhigungsmittel (sogenannte Tranquilizer) oder Alkohol und Nikotin. Ich meine zunächst einmal ein Hobby!

Etwas, das Sie aktiv tun, das Ihnen Freude bereitet und die eigene Anerkennung oder die anderer einbringt, wobei sich Ihre Seele und Ihre verborgenen Fähigkeiten frei entfalten können, fern vom Alltag und vom Kleinkrieg der Karriere oder auch der Familie. Ein richtiges Hobby ist ideal zum Umschalten auf die normale Ruhetönung, die Feierabendstimmung, und besser als das obligate Bier, der obligate Whisky oder Campari. Nur 15 Minuten Briefmarken einkleben, Musik hören, Filme schneiden, Zeitung oder etwas anderes lesen können enorm wertvoll für die Entspannung sein. Auch Gartenarbeit, ja selbst den Wagen waschen oder spazierengehen entspannt oft ausreichend gut. Aber jeder muß sein eigenes Hobby suchen.

Manchmal ist es auch ein Haustier, das gehalten und gepflegt werden will und in seiner Treue und Anhänglichkeit manchen Ausgleich bringt. So sagt man sogar, daß Hundehalter nach einem Herzinfarkt eine deutlich längere Überlebenszeit haben als andere Menschen.

Hier muß sicherlich auch vom Urlaub die Rede sein, der allerdings richtig verstanden sein will:

– lang genug (mindestens drei Wochen),
– oft genug (bestimmt jedes Jahr einmal),
– in dem individuell verträglichsten Klima,
– in der individuell geeignetsten Form.

Wer in einem abgelegenen kleinen Ort einer eintönigen Arbeit nachgeht, für den ist die Sight-Seeing-Reise, der Bildungsurlaub, die Rundfahrt bestimmt eine erwägenswerte Alternative; der Großstädter wird die Ruhe eines Dorfes oder des Bauernhofs zu schätzen wissen. Etwaige Klimaveränderungen, die belastend wirken können, sollten mit dem Arzt besprochen werden.

Sicher sagen viele: Wann soll ich all die Ratschläge nur befolgen? Mir fehlt die Zeit! Irrtum! Sie haben mehr Zeit als Sie denken, es fragt sich nur, womit Sie sie ausfüllen wollen.

> Für Ihre eigene Persönlichkeits-Hygiene sollten Sie morgens 5 Minuten für Gymnastik abzweigen, 15 Minuten für Sport, nach Feierabend 20 Minuten für Entspannung und 10 bis 30 Minuten zum Hirntraining: Dann bleiben Ihnen noch minimum 22 Stunden und 50 Minuten für den Rest des täglichen Lebens!

2. Faustregel: Vergessen Sie das Reden nicht!

Ich meine den echten Austausch, das gute Gespräch, das zu führen wir meist keine Gelegenheit mehr haben, weil wir die Fähigkeit dazu verloren haben. Die Ausrede heißt meistens: Keine Zeit! – Korrekterweise müßte man sagen: Ich nehme mir dafür keine Zeit, ich mag nicht. Der Small talk (nichts gegen ihn zu seiner Zeit!) überwiegt, nur die Fassade wird gezeigt. Man spricht über Banalitäten, niemand sagt seine wirkliche Meinung, viele bilden sich gar keine mehr. Vielfach sind wir daran gewöhnt, Probleme und ihre Lösungen in den Massenmedien Zeitung, Illustrierte, Radio und Fernsehen fertig serviert zu bekommen und haben verlernt, sie uns innerhalb unseres Lebenskreises selbst zu erarbeiten und auch dazu zu stehen. Das servierte Fertiggericht schmeckt der Psyche auf Dauer aber nicht so gut wie ein selbsthergestelltes Individualgericht, es sättigt nicht, ist nicht bekömmlich.

Wer aber urteilt, beurteilt noch selbständig? Sie werden erstaunt sein, wie gut Sie sich nach einem richtigen offenen Austausch über Ihre oder auch über Tages-Probleme fühlen, bei dem Sie nicht zum wiederholtesten Male überlieferte Ansichten dargestellt haben, sondern versuchten, einen eigenen Standpunkt zu erarbeiten.

Wagen Sie das Risiko, sich zu zeigen, wie Sie sind und nicht so, wie Sie sein sollten (zumeist nach dem Wunsch der oft schon verstorbenen Eltern). Gefühle hat jeder von uns, aber man muß sie auch zeigen, ja auch darüber sprechen können! Dies ist eines der wichtigsten Gebote der Psycho-Hygiene! Die Sprechfähigkeit erhebt uns über die Tiere, aber dieses Privileg muß auch sinnvoll eingesetzt werden. Ich erinnere an Goethe, der in seinem Drama »Torquato Tasso« schreibt: *»Und wenn der Mensch in seiner Qual verstummt, gab* *mir ein Gott, zu sagen, was ich leide.«* Nicht jedem wird dieses göttliche Geschenk in den Schoß gelegt, man kann es sich aber erarbeiten. Eltern seien daran erinnert, daß die Fähigkeit über Abstraktes – also auch über Gefühle – zu sprechen am besten und leichtesten in der frühen Kindheit gelernt wird. Hier setzt das Elternhaus Richtlinien weg vom »averbalen« Analphabetentum.

Fangen Sie über sich und andere ernsthaft zu sprechen an! Nicht um zu klatschen, sondern im Sinne von verständnisvollem Hinterfragen. Vor allem lernen Sie bei solchen Gesprächen Ihren Partner kennen, der oft genug seit Jahren bekannt und dann doch ein stummer Fremder geworden ist. Stehen Sie dabei Ihrer nicht allzu nahen Umwelt unbefangen gegenüber! – Sie kennt zumeist Ihre Lebensgeschichte gar nicht. Fremde wissen und erkennen nicht, wo Ihr Schuh Sie drückt. Die vermeintliche Anspielung ist meist zufällig und gar nicht in der gefürchteten Richtung gedacht! Man deutet nur zu viel eigene Problematik in harmlos gemeinte Sätze Fremder hinein. Gehen Sie (wieder) unbefangen und vorurteilsfrei auf andere zu – fast so, als kämen Sie von einem anderen, besseren Stern. Üben Sie sich selbst dabei in einer der wichtigsten sozialen Eigenschaften: der *Toleranz,* des Respekts gegenüber Andersdenkenden! Die Toleranz ist ein Zeichen hoher sozialer Kultur und sollte unablässig geübt werden. Man kann nicht verhindern, daß andere Menschen anders denken als man selbst; sollte man sie nicht überzeugen können und andererseits von ihnen nicht überzeugt werden, so muß man die anderen Meinungen gelassen hinnehmen können – ganz besonders, wenn es die von nahen Angehörigen sind!

Hierzu gehört auch das Zuhören-Können.

Wie oft ist man von einem Abend begeistert, an dem man sich gut »unterhalten« – tatsächlich aber nur über sich selbst gesprochen (das ist: sich selbst dargestellt) hat. Geben Sie dazu auch dem oder den anderen eine Chance! Nicht der ist am wertvollsten, der alles an sich reißt, sondern der, der die Dinge am klarsten beurteilt, ohne zu verurteilen.

Do et des! – Gib und empfange, auch hier.

3. Faustregel: *Lernen Sie Autogenes Training!*

Wenn Sie mit sich oder Ihrer Umgebung nicht allein zurechtkommen können, gibt es eine erlernbare Technik der Entspannung: das *Autogene Training*.

Es ist so populär geworden, daß es keiner Reklame bedarf. Nur so viel dazu: Es handelt sich um keine Gymnastik, auch um keinen Hokuspokus. Als Methode fußt es auf seit Jahrtausenden (kein Druckfehler!) bekannten Praktiken. Wir wissen, daß bereits vor 3000 Jahren Völker im subarktischen Raum ähnliche Techniken benutzten, allerdings mehr in Form von Ekstaseübungen. Seit Jahrhunderten sind sie bei den indischen Völkern in Form des Joga zur Entspannung bekannt. Unser in den 30er Jahren von H. J. Schulz erstmals beschriebenes Autogenes Training ist ein aus dem Joga und anderen Entspannungsmethoden abgeleitetes, gewissermaßen »europäisches« Verfahren der Selbstentspannung.

Mit Joga hat es manches gemeinsam, so die Erkenntnis, daß eine gewisse Körperhaltung (dort die verschränkte und andere Haltungen, hier der Kutschersitz) und eine gewisse Augenstellung (dort wie hier geschlossene Augen oder eine Schielstellung) notwendig sind, um sich so zu entspannen, daß man sich in sich selbst versenkt.

Heute gibt es mehrere Verfahren, die aus dem Schulzschen Autogenen Training abgeleitet sind. Ich persönlich empfehle das von E. Kretschmer 1946 beschriebene und von meinem Lehrer Dietrich Langen populär gemachte, Aktivhypnose genannte. Es werden hier zunächst nur allgemeine Entspannungshilfen wie Ruhe, Schwere, Wärme geübt, das sind Qualitäten, die man durch einfache, aber vollständige Konzentration auf das entsprechende Wort empfinden lernen kann.

Bei richtiger Anwendung dieser Hilfen kommt man zur Selbstversenkung und darüberhinaus zu einem losgelösten, leichten Zustand, den man autohypnoid (= selbstsuggestibel) nennt. Dieser Zustand ist kaum beschreibbar, man muß ihn selbst erleben.

Um diesen selbstsuggestiblen Zustand für sich nutzen zu können, sollte man parallel zur Erlernung der allgemeinen Entspannungshilfen unter Anleitung durch Fachleute versuchen, die Ursache der eigenen Störung zu finden, um sie richtig anzusprechen. Dies kann durch einen sogenannten Leitsatz geschehen. Aus einer einmaligen, parallel verlaufenden, kurzen psychotherapeutischen Sitzung kann bereits gemeinsam ein solcher Leitsatz geformt werden, den man in das Autohypnoid einfließen läßt. Er soll kurz und positiv formuliert sein; solche Leitsätze können lauten: »Schlaf ist unwichtig«; oder: »Selbstsicher, frei von Angst« etc.

Dinge, die durch Bewußtgemacht-Werden allein nicht verdaut werden können, die für eine tiefergehende Psychotherapie aber aus verschiedenen Gründen nicht in Frage kommen, können oftmals dadurch aus dem Spannungsfeld gebracht werden, daß man solch einen individuellen Leitsatz in den autohypnoiden Zustand einfließen läßt.

Die meisten Schulen des Autogenen Trainings lehren außerdem das bewußte Regulieren des Atmens, des Herzschlagens, der Durchblutung verschiedener Körperregionen etc., also Dinge, die alle ihre Wichtigkeit haben. Wenn es aber allein um die seelische Entspannung oder um AT im Alter geht, ziehe ich das Verfahren nach Kretschmer-Langen vor.

Hier möchte ich an das Autogene Training bei Rauchern erinnern, wobei allerdings einige Faktoren hier nicht ausdiskutiert werden können.

Welche Form des Autogenen Trainings man auch immer wählt – man sollte es nur unter Anleitung eines Fachmanns machen. Die Schäden, die durch unqualifiziertes Lernen, durch Alleinversuche oder Versuche an ungeeigneten Personen angerichtet werden können, stehen in keinem Verhältnis zu den Wohltaten, die man andererseits erreichen kann. Es gibt heute viele, die Autogenes Training lehren, so daß man es fast überall lernen kann (Volkshochschulen, Psychologen, Psychotherapeuten, Ärzte etc.), oft sogar auf Krankenschein!

4. Faustregel: Wagen Sie den Weg zur Psychotherapie!

Sollten Sie an einer stärkeren psychischen oder psychosomatischen Störung oder Krankheit leiden, dann nehmen Sie den Weg zum nächsten Fachmann! Das Zauberwort heißt *Psychotherapie.* Ins Deutsche übersetzt bedeutet es: *Heilen mit seelischen Mitteln,* nicht etwa Heilen einer seelischen Krankheit. Dies ist ein oft auftretendes Mißverständnis! Auch körperliche Krankheiten können in ihrer seelischen Wurzel durch seelische, also Psychotherapie – eventuell begleitend zur medikamentösen Therapie – behandelt werden. Dies gilt insbesondere für die große Zahl der bereits erwähnten psychosomatischen Erkrankungen.

Das heutige Angebot an Psychotherapieformen ist groß: Sei es eine analytische Psychotherapie, analytische Fokaltherapie, eine tiefenpsychologisch orientierte Gesprächstherapie, eine Verhaltenstherapie, eventuell Gruppentherapie, Psychodrama und ähnliches. Scheuen Sie vor diesem Schritt nicht zurück! Nicht »Verrückte« gehen zum Therapeuten, sondern kluge, verantwortungsbewußte und mündige Bürger einer aufgeschlossenen, toleranten Welt! Menschen, die *Psycho-Hygiene* ernst nehmen, auch als Form von Altersvorsorge!

Es ist sehr bedauerlich, daß psychische Probleme immer noch häufig versteckt werden, weil die Betroffenen fürchten, deswegen in Mißkredit zu geraten. Als Wunschvorstellung sollte Psychologie als Lehre von der Seele schon in den Schulen gelehrt und menschliches Verhalten daher verständlicher gemacht werden, so daß das Fernziel einer friedlichen, weil einander verstehenden und respektierenden Menschheit näherrückt. Zuletzt: Psychisches Leiden ist im Alter keine Seltenheit, besonders in der Form von Angst und Depressionen.

Nicht jede Seele wird gleich wie die andere mit dem Altern fertig, ist es doch die Zeit der Verluste und der Erkenntnis der nahenden Endlichkeit. Diese Erkenntnis und ihre Verarbeitung gehören aber unbedingt zur seelischen Reifung dazu.

Im weitesten Sinne heißt dies: Es gehört die Bereitschaft dazu, den eigenen Tod gedanklich vorwegzunehmen. Dieser Gedanke verliert erstaunlicherweise so sein Grauen – und erleichtert das Altern – ja das Sterben.

Manchem hat sogar das Abfassen des Testamentes, anderen gar das Verfassen von Bestattungsreglementarien Ruhe gebracht. Nicht verdrängen, sondern erkennen und verarbeiten? Ja, und die bleibende Zeit dann sinnvoll nutzen. Diese Erkenntnis gilt ein Leben lang, so auch für seine allerletzte Phase.

Wenn Sie mich nun, besonders als Alternder, zusammenfassend fragen: Was kann ich zur seelischen Gesundheitsvorsorge tun? – so muß ich Sie auf die obigen vier Faustregeln zurückverweisen.

Ich möchte es aber auch noch einmal lapidarer ausdrücken. Sie können zwei allseits bekannte Wege beschreiten: Formen Sie die Umgebung nach Ihren Wünschen um – oder passen Sie sich der nur schwer umformbaren Umgebung an.

Ersteres mag die Jugend auf ihr Banner schreiben, letzteres ist meist leichter, wenn man nicht mehr kämpfen will oder kämpfen kann, bietet sich also besonders für alte, hochbetagte Menschen und Greise an. Denn eines ist unübersehbar: Eine gewisse kontemplative Haltung, Anpassungsfähigkeit bei immer wieder ungebrochener Überzeugungskraft, Gelassenheit, dabei Anerkennung von unabwendbaren Tatsachen, manches Problem auch mal in die Zeit stellen zu können, nicht als verdammenswerte Resignation, sondern als *realistischer Optimismus* und Gottvertrauen – dies alles gehört eher zu den Garanten der Gesundheit als der ewige Sturm und Drang, Rechthaberei und Besserwisserei, der Kampf gegen vorhandene, aber unabwendbare Tatsachen und unwillige Mitmenschen.

Denn man rutscht dabei zu leicht in den Kleinkrieg mit sich und anderen, mögen diese Erkenntnisse auch zunächst nicht gefallen.

Durch die Art, wie man auf die Umgebung zugeht, formt man das Schicksal oft mehr als andererseits die Umgebung unser Schicksal formt, zumindest aber genauso stark. Insofern ist Schicksal immer auch Folge eigenen Handelns, Reagierens, Tuns oder Nichttuns.

Es ist daher besser, nicht mit Gott, der Umgebung und dem Schicksal zu hadern, sondern die Eigenverantwortlichkeit in das Denken einzubeziehen. Eigene Fehler sind schließlich besser verkraftbar, denn: Niemand ist ohne Fehler! Fast jedes Leben ist Stückwerk.

Ein Zitat des Sokrates besagt: *Glück ist Abwesenheit von Schmerz.*

Zumeist sind wir von dieser Abgeklärtheit und Reife weit entfernt, wollen mehr vom Schicksal, im Sinne des Schlagers: »Für mich soll's rote Rosen regnen.« – Das ist das andere Extrem.

Unser Ziel liegt in der Mitte.

Um es zu erreichen, kann man sich eine der alten chinesischen Spruchweisheiten zunutze machen:

Du kannst nicht ändern,
Daß die Vögel der Sorge und des Kummers
Über Dein Haupt fliegen
Aber
Du kannst verhindern,
Daß sie Nester bauen in Deinem Haar.

Vielleicht hilft dazu auch die Erkenntnis, daß das Leben gewissermaßen ein unwiederholbarer Probelauf ist. Wenn wir ihn durchlaufen haben, ist das Leben auch vorüber. Es ist letztendlich jedoch ein Probelauf ohne Sieger – und ohne Besiegte. Der Lauf ist alles ...

Leben ist denkendes, fühlendes, handelndes Gehen in der Zeit. Einer Zeit, die uns nicht untersteht.

Sie gehen besser, wenn Sie beherzigen:

– In der Nahrung mäßig
– im Sport regelmäßig
– im Geist aktiv
– und in der Seele ausgeglichen.

Dies kann ein Schlüssel werden zu einem aktiven und seiner selbst-bewußten Altern.

Anhang

Die nachfolgenden Tabellen entstammen der *Kleinen Nährwert-Tabelle der Deutschen Gesellschaft für Ernährung e.V.* von Prof. Dr. W. Wirths, 32. Auflage 1986, erschienen im Umschau Verlag, Frankfurt am Main.

Hinweis für den Leser: Die auf den folgenden Seiten – nach dem Drehen des Buches – *untereinanderstehenden* Tabellen gehören zusammen, wobei die untenstehende Tabelle jeweils als Fortsetzung der oberen Tabelle zu lesen ist.

Lebensmittel	Energie-gehalt in 100 g eßbarem Anteil kcal	Abfall %	Der eßbare Teil von 100 g eingekaufter Ware enthält:							Energie		Resorbierte Energie-menge %
			Pro-tein g	Fett g	Gesättigte Fett-säuren g	Mehrfach ungesätt. Fetts. g	Cho-lesterol mg	P/S-Quotient	Kohlen-hydrate g	kJ	kcal	
Fleisch und Fleischwaren¹)												
Schweinefleisch, sehr mager	118	0	21	4	1,8	0,4	70	0,22	.	495	118	96
Schweinefleisch, mager	145	1	19	7	3,2	0,7	68	0,22	.	600	143	95
Schweineschnitzelfleisch	168	1	21	8	.	.	68	.	.	695	166	96
Schweinefleisch, mittelfett	345	20	18	21	9,7	2,1	55	0,22	.	1155	276	94
Schweinekotelett	258	20	14	15	.	2,4	55	.	.	860	205	96
Schweinefleisch, fett	480	19	10	37	16,9	3,7	55	0,22	.	1630	389	95
Schweinenackenkotelett	368	15	12	27	.	1,1	55	.	.	1310	313	95
Schweinefleisch, sehr fett	565	16	8	46	21,2	4,6	55	0,22	.	1985	475	95
Rindfleisch, sehr mager	113	2	22	2	1,0	0,1	58	0,10	.	465	111	97
Rindfleisch, mager	214	19	15	11	6,0	0,3	55	0,05	.	725	173	96
Rindfleisch, mittelfett	283	16	15	18	9,0	0,5	55	0,06	.	995	238	96
Rindfleisch, fett	345	15	14	24	12,0	0,7	55	0,06	.	1225	293	95
Hackfleisch (halb u. halb)	253	0	20	19	9,0	1,3	65	0,14	.	1060	253	95
Kalbfleisch, mittelfett	121	23	16	3	1,4	0,4	55	0,29	.	390	93	97
Hammelfleisch, mittelfett	323	24	13	20	11,8	0,6	55	0,05	.	1030	246	95
Kaninchenfleisch	167	21	16	6	4,0	0,2	110	0,05	1	550	132	96
Pferdefleisch	118	25	16	2	.	.	.	.	+	370	89	97
Herz, Durchschnitt a. Rind u. Kalb	128	21	12	4	2,0	0,1	110	0,05	1	425	101	96
Hirn (Kalb)	118	3	10	7	2,4	0,3	1940	0,13	1	480	115	96
Kaldaunen (Kutteln)	97	0	19	2	.	.	150	.	.	405	97	96
Leber (Kalb)	143	4	18	4	1,8	0,6	350	0,33	4	575	137	96
Leber (Rind)	141	7	18	3	1,3	0,5	245	0,38	6	550	131	96
Leber (Schwein)	147	7	19	5	2,0	0,7	315	0,35	1	575	137	97

Der eßbare Teil von 100 g eingekaufter Ware enthält:

Fleisch und Fleischwaren[1]

Natrium mg	Mineralstoffe					Vitamine					Lebensmittel
	Kalium mg	Calcium mg	Phosphor mg	Magnesium mg	Eisen mg	A µg	E mg	B$_1$ mg	B$_2$ mg	Niacin mg	C mg	
60	385	8	150	18	2,0	.	0,4	0,90	0,15	3,5	.	Schweinefleisch, sehr mager
70	345	8	150	22	2,0	.	.	0,70	0,15	3,5	.	Schweinefleisch, mager
55	370	2	190	19	2,3	.	0,5	0,75	0,20	4,0	.	Schweineschnitzelfleisch
70	310	8	155	25	2,0	.	.	0,70	0,15	3,5	.	Schweinefleisch, mittelfett
50	250	9	120	19	1,4	.	0,6	0,65	0,15	3,5	.	Schweinekotelett
70	260	7	140	4	1,4	.	.	0,70	0,10	2,5	.	Schweinefleisch, fett
65	215	4	.	.	1,9	.	.	0,80	0,15	3,3	.	Schweinenackenkotelett
35	140	6	100	.	1,3	+	.	0,35	0,10	2,5	.	Schweinefleisch, sehr fett
40	385	11	170	18	3,0	.	0,7	0,10	0,20	4,5	.	Rindfleisch, sehr mager
45	275	9	140	17	2,1	.	0,6	0,05	0,15	4,0	.	Rindfleisch, mager
75	275	8	125	21	2,4	10	0,4	0,05	0,15	4,0	.	Rindfleisch, mittelfett
85	300	8	140	.	2,4	.	.	0,05	0,15	3,5	.	Rindfleisch, fett
35	290	8	135	17	2,2	5	.	0,40	0,15	4,0	.	Hackfleisch (halb u. halb)
75	260	10	160	12	1,7	.	0,1	0,10	0,20	5,0	.	Kalbfleisch, mittelfett
75	265	7	135	14	1,8	+	0,5	0,10	0,10	3,0	.	Hammelfleisch, mittelfett
35	300	11	175	23	2,8	+	0,8	0,10	0,05	7,0	2	Kaninchenfleisch
35	250	10	140	17	3,5	16	.	0,10	0,10	3,5	1	Pferdefleisch
80	205	10	155	20	3,5	24	0,4	0,40	0,75	5,5	4	Herz, Durchschnitt a. Rind u. Kalb
150	260	12	340	15	2,4	.	1,9	0,20	0,25	3,5	22	Hirn (Kalb)
45	20	10	130	.	1,6	.	1,0	+	.	3,0	.	Kaldaunen (Kutteln)
80	285	4	300	18	10,2	4000	1,2	0,25	2,45	16,5	39	Leber (Kalb)
110	270	7	335	16	6,6	7760	0,6	0,30	2,70	13,5	28	Leber (Rind)
70	325	9	335	20	20,6	3290	0,4	0,30	2,95	14,5	21	Leber (Schwein)

[1] Bei Fleischwaren können zwischen der höchsten und der niedrigsten Qualitätsstufe Unterschiede in der Wertigkeit der Proteine auftreten. Fett- und Proteingehalt von Wurstwaren hängen sehr von der regional unterschiedlichen Verkehrsauffassung ab.

Fleisch und Fleischwaren

Lebensmittel	Protein g	Fett g	Gesättigte Fettsäuren g	Mehrfach ungesätt. Fetts. g	Cholesterol mg	P/S-Quotient	Kohlenhydrate g	Energie kJ	Energie kcal	Resorbierte Energiemenge %
Schweinefleisch, sehr mager	21,0	4,0	1,8	0,4	70	0,22	.	495	118	96
Schweinefleisch, mager	19,2	7,1	3,2	0,7	70	0,22	.	605	144	95
Schweineschnitzelfleisch	21,2	8,1	.	.	70	.	.	700	168	96
Schweinefleisch, mittelfett	22,5	26,2	12,1	2,6	70	0,22	.	1445	345	94
Schweinekotelett	17,6	19,0	.	3,0	70	.	.	1080	260	96
Schweinefleisch, fett	12,3	45,6	20,9	4,6	65	0,22	.	2010	480	95
Schweinenackenkotelett	14,1	31,7	.	1,3	65	.	.	1540	368	95
Schweinefleisch, sehr fett	9,5	54,8	25,2	5,5	65	0,22	.	2365	565	95
Rindfleisch, sehr mager	22,4	2,0	1,0	0,1	60	0,10	.	475	113	97
Rindfleisch, mager	18,5	13,6	7,4	0,4	65	0,05	.	895	214	96
Rindfleisch, mittelfett	17,9	21,4	10,7	0,6	70	0,06	.	1185	283	96
Rindfleisch, fett	16,5	28,2	14,1	0,8	70	0,06	.	1440	345	95
Hackfleisch (halb u. halb)	20,0	19,0	9,0	1,3	65	0,14	.	1060	253	95
Kalbfleisch, mittelfett	20,8	3,9	1,8	0,5	70	0,28	.	505	121	97
Hammelfleisch, mittelfett	17,1	26,3	15,5	0,8	70	0,05	.	1355	324	95
Kaninchenfleisch	20,3	7,6	5,1	0,2	140	0,04	1	695	167	96
Pferdefleisch	21,3	2,7	.	.	.	.	1	495	119	97
Herz, Durchschnitt a. Rind u. Kalb	15,2	5,1	2,5	0,1	140	0,04	1	540	128	96
Hirn (Kalb)	10,3	7,2	2,5	0,3	2000	0,12	1	495	119	96
Kaldaunen (Kutteln)	19,0	2,0	.	.	150	.	.	405	97	96
Leber (Kalb)	18,8	4,2	1,9	0,6	360	0,32	4	600	143	96
Leber (Rind)	19,4	3,2	1,4	0,5	265	0,36	6	590	141	96
Leber (Schwein)	20,4	5,4	2,1	0,7	340	0,33	1	620	147	97

In 100 g eßbarem Anteil sind enthalten:

Fleisch und Fleischwaren

Natrium mg	Mineralstoffe					Vitamine						Lebensmittel
	Kalium mg	Calcium mg	Phosphor mg	Magnesium mg	Eisen mg	A µg	E mg	B_1 mg	B_2 mg	Niacin mg	C mg	
60	385	8	150	18	2,0	.	0,4	0,90	0,15	3,5	.	Schweinefleisch, sehr mager
70	350	8	150	22	2,0	.	.	0,71	0,15	3,5	.	Schweinefleisch, mager
55	375	2	190	19	2,3	.	0,5	0,76	0,20	4,0	.	Schweineschnitzelfleisch
80	395	10	195	31	2,5	.	.	0,87	0,19	4,4	.	Schweinefleisch, mittelfett
65	315	11	150	24	1,8	.	0,8	0,82	0,20	4,3	.	Schweinekotelett
85	320	9	175	5	1,7	.	.	0,86	0,12	3,1	.	Schweinefleisch, fett
75	255	5	140	.	2,2	.	.	0,94	0,18	3,9	.	Schweinenackenkotelett
40	165	7	120	.	1,5	.	.	0,42	0,12	3,0	.	Schweinefleisch, sehr fett
40	395	11	175	18	3,1	.	0,7	0,10	0,20	4,6	.	Rindfleisch, sehr mager
55	340	11	175	21	2,6	.	0,7	0,06	0,19	4,9	.	Rindfleisch, mager
90	325	9	150	25	2,9	10	0,5	0,06	0,18	4,8	.	Rindfleisch, mittelfett
100	355	9	165	.	2,9	.	.	0,06	0,18	4,1	.	Rindfleisch, fett
35	290	8	135	17	2,2	5	.	0,40	0,15	4,0	.	Hackfleisch (halb u. halb)
95	340	13	210	16	2,2	.	0,1	0,13	0,26	6,5	.	Kalbfleisch, mittelfett
100	350	9	180	18	2,4	.	0,7	0,13	0,13	3,9	.	Hammelfleisch, mittelfett
45	380	14	220	29	3,5	.	1,0	0,13	0,06	8,9	+	Kaninchenfleisch
45	335	13	185	23	4,7	20	.	0,13	0,13	4,7	1	Pferdefleisch
100	260	13	195	25	4,4	30	0,5	0,51	0,95	7,0	5	Herz, Durchschnitt a. Rind u. Kalb
155	270	12	350	15	2,5	.	2,0	0,21	0,26	3,6	23	Hirn (Kalb)
45	20	10	130	.	1,6	.	1,0	+	.	3,0	.	Kaldaunen (Kutteln)
85	295	4	310	19	10,6	4170	1,3	0,26	2,55	17,2	41	Leber (Kalb)
120	290	7	360	17	7,1	8340	0,6	0,32	2,90	14,5	30	Leber (Rind)
75	350	10	360	22	22,2	3540	0,4	0,32	3,17	15,6	23	Leber (Schwein)

Lebensmittel	Energie-gehalt in 100 g eßbarem Anteil kcal	Abfall %	Der eßbare Teil von 100 g eingekaufter Ware enthält:									Resorbierte Energie-menge %
			Pro-tein g	Fett g	Gesättigte Fett-säuren g	Mehrfach ungesätt. Fetts. g	Cho-lesterol mg	P/S-Quotient	Kohlen-hydrate g	Energie kJ	Energie kcal	
Lunge (Kalb)	98	24	13	2	.	.	280	.	+	315	75	97
Niere (Kalb)	138	12	15	6	2,0	0,3	330	0,15	1	505	121	96
Zunge (Rind)	223	26	12	12	6,0	0,2	105	0,03	+	700	167	94
Schinken, geräuchert, roh	395	13	16	29	13,5	3,0	30	0,22	.	1440	344	95
Schinken, gekocht	282	3	19	20	9,2	2,0	85	0,22	.	1145	274	95
Speck, fett	854	10	2	80	37,0	8,0	100	0,22	.	3220	770	95
Speck, durchwachsen	658	8	8	60	28,0	6,0	100	0,21	.	2530	605	95
Blutwurst	482	4	14	44	20,0	4,0	85	0,20	.	1935	463	95
Bratwurst	383	2	12	35	16,0	3,5	100	0,22	.	1570	375	95
Fleischwurst	328	1	11	30	14,0	3,0	85	0,21	.	1355	324	95
Bierschinken	247	1	15	19	.	.	80	.	.	1025	245	96
Sülzwurst	306	2	23	23	.	.	80	.	.	1255	300	95
Leberkäse	271	0	13	23	11,0	2,0	85	0,18	+	1135	271	95
Leberwurst	449	2	12	40	18,0	4,0	85	0,22	1	1840	440	95
Leberwurst, mager	273	2	17	21	.	.	70	.	2	1120	268	95
Mettwurst (Braunschw. Mettw.)	541	2	12	51	10,0	2,0	85	0,20	.	2220	530	95
Mortadella	367	2	12	32	15,0	3,0	85	0,20	+	1505	360	95
Salami	550	5	17	47	22,0	5,0	85	0,23	+	2190	523	95
Schwartenmagen	264	6	15	20	.	.	85	.	.	1040	248	93
Zervelatwurst	478	5	17	41	19,0	4,0	85	0,21	.	1900	454	95
Dosenwürstchen	239	0	13	20	7,0	2,0	85	0,29	.	1000	239	97
Frankfurter Würstchen	250	0	13	21	7,0	2,0	85	0,29	+	1045	250	95
Kasseler Rippchen	328	17	15	22	10,0	2,0	70	0,20	+	1140	272	96
Corned beef, deutsch	153	0	22	6	3,0	0,2	70	0,07	.	640	153	96
Fleischkonserven (Rind)	233	0	25	14	6,0	0,3	90	0,05	.	975	233	96

Der eßbare Teil von 100 g eingekaufter Ware enthält:

	Mineralstoffe					Vitamine					Lebensmittel
Natrium	Kalium	Calcium	Phos-phor	Ma-gnesium	Eisen	A	E	B$_1$	B$_2$	Niacin	C	
mg	mg	mg	mg	mg	mg	µg	mg	mg	mg	mg	mg	
115	230	4	+	.	4,0	.	.	0,10	0,25	3,0	30	Lunge (Kalb)
175	255	9	230	16	10,1	185	0,2	0,35	2,20	5,5	11	Niere (Kalb)
75	190	7	170	7	2,2	+	.	0,10	0,20	3,5	.	Zunge (Rind)
2200	215	9	180	17	2,0	+	.	0,50	0,20	3,0	.	Schinken, geräuchert, roh
850	260	10	155	23	2,4	+	.	0,50	0,25	3,5	+	Schinken, gekocht
385	15	5	120	4	0,4	+	.	0,10	0,05	0,5	.	Speck, fett
1630	205	9	100	20	0,7	+	0,6	0,40	0,15	2,0	.	Speck, durchwachsen
650	35	10	160	7	2,0	.	.	.	.	.	.	Blutwurst
520	140	5	.	15	1,0	.	0,3	0,40	0,10	2,0	.	Bratwurst
820	195	9	165	13	2,5	.	.	0,20	0,25	2,5	.	Fleischwurst
740	260	15	150	18	1,5	.	.	0,30	0,20	3,8	.	Bierschinken
.	.	.	.	16	1,0	.	.	.	.	.	.	Sülzwurst
600	300	4	.	15	2,0	.	.	0,05	0,15	2,5	.	Leberkäse
795	140	40	150	12	5,2	1430	0,7	0,20	0,90	3,5	.	Leberwurst
400	140	9	240	7	5,5	1725	.	0,15	1,10	4,5	.	Leberwurst, mager
1070	210	13	(155)	11	(1,6)	.	.	(0,20)	(0,15)	(2,5)	.	Mettwurst (Braunschw. Mettw.)
655	205	40	.	19	1,5	+	.	0,10	0,15	3,0	+	Mortadella
1185	285	35	.	10	2,0	+	0,7	0,15	0,20	2,5	+	Salami
.	260	10	160	.	2,0	.	.	0,05	0,10	1,0	.	Schwartenmagen
1200	185	20	110	11	1,5	.	.	.	.	.	.	Zervelatwurst
710	165	10	185	9	2,7	.	.	0,03	0,10	3,0	.	Dosenwürstchen
780	180	8	105	9	1,8	+	0,6	0,20	0,20	2,5	.	Frankfurter Würstchen
795	270	5	135	22	2,1	+	.	.	.	.	.	Kasseler Rippchen
830	130	35	.	15	1,5	.	.	0,03	0,10	3,0	.	Corned beef, deutsch
600	280	14	.	15	3,0	.	0,5	0,05	0,20	3,5	.	Fleischkonserven (Rind)

Lebensmittel	Energie-gehalt in 100 g eßbarem Anteil kcal	Abfall %	Der eßbare Teil von 100 g eingekaufter Ware enthält:							Energie		Resorbierte Energie-menge %
			Pro-tein g	Fett g	Gesättigte Fett-säuren g	Mehrfach ungesätt. Fetts. g	Cho-lesterol mg	P/S-Quotient	Kohlen-hydrate g	kJ	kcal	
Fleischbrühe	17	0	1	1	.	.	.	.	1	70	17	97
Gekörnte Brühe, Instant	180	0	23	8	.	.	.	.	3	755	180	97
Knochen (auskochbarer Wert i. D.)	857	93	.	6	.	.	.	.	.	250	60	.
Gelatine	340	0	84	+	.	.	.	.	+	1425	340	97
Hühnersuppe mit Nudeln	45	0	2	3	.	.	.	.	3	190	45	97
Hase	124	20	17	2	1,3	0,1	110	0,08	.	415	99	96
Hirsch	123	21	16	3	.	.	.	.	.	400	95	96
Reh (Rücken)	133	30	16	3	2,0	0,1	110	0,05	.	390	93	95
Wildgeflügel i. D.	108	25	13	3	1,0	0,6	75	0,60	.	340	81	95
Brathähnchen	144	26	15	4	1,4	0,9	55	0,64	.	450	107	96
Ente	243	20	15	14	4,3	3,1	75	0,72	.	810	194	95
Gans	364	37	10	20	6,2	4,4	75	0,71	.	960	230	95
Hähnchenkeule	120	25	15	2	.	0,5	65	.	.	375	90	97
Hähnchenbrust	109	28	16	1	.	.	70	.	.	330	79	96
Putenfleisch ohne Knochen	125	0	23	3	.	.	70	.	.	525	125	96
Suppenhuhn	274	27	20	13	4,4	2,9	75	0,66	.	840	200	96
Truthahn (Puter)	230	27	15	11	3,7	2,4	75	0,65	+	705	168	95

Fische und Fischwaren

Aal	299	30	9	18	.	.	70	.	+	875	209	95
Heilbutt	110	20	16	2	0,5	1,0	22	2,00	.	370	88	97
Hering[1]) (ganzer Fisch)	222	30	13	10	3,8	2,3	38	0,61	.	650	155	96
Hering, Filet	222	0	18	15	6,8	4,1	60	0,60	+	930	222	96
Hering-Rogen	143	0	26	3	.	.	.	.	+	600	143	97

[1]) Fangzeit Juli bis November

Der eßbare Teil von 100 g eingekaufter Ware enthält:

	Mineralstoffe					Vitamine						Lebensmittel
Natrium mg	Kalium mg	Calcium mg	Phosphor mg	Magnesium mg	Eisen mg	A µg	E mg	B_1 mg	B_2 mg	Niacin mg	C mg	
2400	.	.	.	.	.	.	.	.	.	.	.	Fleischbrühe
	500	230	740	374	.	.	.	.	.	.	.	Gekörnte Brühe, Instant
.	.	.	.	.	.	.	.	.	.	.	.	Knochen (auskochbarer Wert i. D.)
30	20	10	+	3	+	+	2,3	+	+	+	+	Gelatine
.	.	.	.	.	.	.	.	.	.	.	.	Hühnersuppe mit Nudeln
40	320	7	175	22	1,9	.	0,4	0,05	0,05	6,5	.	Hase
50	260	6	195	23	2,0	.	.	.	0,20	.	.	Hirsch
60	240	18	155	23	2,1	.	.	.	0,20	.	.	Reh (Rücken)
.	285	18	.	.	2,0	45	0,7	(0,05)	(0,10)	(5,0)	.	Wildgeflügel i. D.
60	265	9	150	27	1,3	7	0,1	0,05	0,10	5,0	2	Brathähnchen
65	235	9	145	15	1,7	.	.	0,25	0,15	3,0	6	Ente
55	265	8	+	20	1,2	41	1,7	0,10	0,15	4,0	.	Gans
70	190	11	140	15	1,4	.	.	0,05	0,18	4,0	.	Hähnchenkeule
50	190	10	155	19	0,8	.	0,3	0,50	0,60	7,5	.	Hähnchenbrust
50	200	20	190	18	3,0	.	.	.	.	.	.	Putenfleisch ohne Knochen
.	190	14	200	18	1,5	.	1,0	0,10	0,15	8,0	.	Suppenhuhn
50	230	19	185	20	3,1	+	0,8	0,10	0,10	6,0	.	Truthahn (Puter)

Fische und Fischwaren

55	175	13	115	15	0,4	520	5,6	0,10	0,20	1,5	1	Aal
55	360	11	160	22	0,4	25	0,7	0,05	0,05	4,5	.	Heilbutt
80	250	25	180	.	0,8	27	1,1	0,05	0,15	2,5	0,3	Hering¹) (ganzer Fisch)
120	315	35	250	22	1,1	40	.	0,05	0,25	4,0	0,5	Hering, Filet
90	220	.	.	.	.	.	.	0,05	0,40	.	.	Hering-Rogen

Lebensmittel	Energiegehalt in 100 g eßbarem Anteil kcal	Abfall %	Der eßbare Teil von 100 g eingekaufter Ware enthält:							Energie		Resorbierte Energiemenge %
			Protein g	Fett g	Gesättigte Fettsäuren g	Mehrfach ungesätt. Fetts. g	Cholesterol mg	P/S-Quotient	Kohlenhydrate g	kJ	kcal	
Kabeljau, Dorsch (ganzer Fisch)	78	44	10	+	+	+	38	+	+	185	44	97
Kabeljau, Dorsch (Filet)	78	0	17	+	+	+	30	+	+	325	78	97
Kabeljau, TK, paniert	113	0	15	0,2	.	.	24	.	11	475	113	92
Rotbarsch, Goldbarsch (Filet)	114	0	18	4	1,2	1,2	38	1,00	+	475	114	97
Rotbarsch, TK, paniert	142	0	16	3	0,9	0,9	30	1,00	11	595	142	92
Schellfisch (Filet)	80	0	18	+	0,4	0,4	31	1,00	+	335	80	97
Seelachs (Filet)	88	0	18	1	0,4	0,4	33	1,00	+	370	88	97
Forelle, Bach-Regenbogenforelle	100	48	10	1	0,3	0,4	30	1,33	+	220	52	97
Hecht	89	45	10	1	.	.	30	.	.	205	49	97
Karpfen	125	48	10	3	.	.	50	.	+	270	65	97
Aal, geräuchert	351	24	14	22	.	.	70	.	.	1120	267	95
Bückling, geräuchert	232	37	14	9	3,4	2,1	70	0,62	+	610	146	96
Seelachs, geräuchert	108	18	19	1	.	.	60	.	.	365	87	96
Hering, mariniert (Bismarckhering)	225	5	16	15	5,7	3,5	60	0,61	.	895	214	95
Salzhering (Pökelhering)	233	57	9	7	.	.	60	.	+	420	100	96
Matjeshering (Filet)	285	0	16	23	9,0	5,0	60	0,56	.	1190	285	95
Heringsfilet in Tomatensauce	218	0	15	15	.	.	.	.	2	910	218	.
Lachs in Dosen	173	2	21	9	.	.	35	.	.	710	170	99
Ölsardinen (nur feste Teile)	240	0	24	14	5,0	4,0	70	0,80	1	1005	240	96
Thunfisch in Öl (feste und flüssige Teile)	304	0	24	21	.	.	70	.	.	1270	304	96
Krabben in Dosen	84	0	18	1	.	.	150	.	1	350	84	97
Fischstäbchen, TK	200	0	16	7	.	.	.	.	20	840	200	.

Der eßbare Teil von 100 g eingekaufter Ware enthält:

Mineralstoffe						Vitamine					Lebensmittel
Natrium mg	Kalium mg	Calcium mg	Phosphor mg	Magnesium mg	Eisen mg	A µg	E mg	B_1 mg	B_2 mg	Niacin mg	C mg
50	270	18	140	.	0,3	.	0,2	0,03	0,02	1,0	1	Kabeljau, Dorsch (ganzer Fisch)
85	350	11	190	19	0,5	.	.	0,05	0,05	2,0	2	Kabeljau, Dorsch (Filet)
65	280	9	155	.	0,1	.	.	0,06	0,04	1,5	2	Kabeljau, TK, paniert
80	345	20	200	14	0,7	12	0,6	0,10	0,10	2,5	1	Rotbarsch, Goldbarsch (Filet)
60	275	16	165	.	0,6	9	.	0,10	0,08	2,0	1	Rotbarsch, TK, paniert
115	300	18	175	14	0,6	17	0,2	0,05	0,15	3,0	.	Schellfisch (Filet)
80	375	14	300	23	1,0	11	.	0,10	0,35	4,0	.	Seelachs (Filet)
												Forelle,
20	235	9	130	14	0,5	23	0,2	0,05	0,04	2,0	.	Bach-Regenbogenforelle
35	140	11	105	.	0,6	8	0,1	0,05	0,05	0,9	.	Hecht
25	160	15	110	.	0,6	27	0,3	0,05	0,03	0,1	(1)	Karpfen
380	175	15	190	14	0,5	710	.	0,15	0,30	3,0	.	Aal, geräuchert
455	180	20	160	23	(0,9)	9	1,1	0,03	0,20	2,0	.	Bückling, geräuchert
.	325	20	160	.	.	9	.	0,05	0,10	2,5	.	Seelachs, geräuchert
												Hering, mariniert
980	250	35	140	11	.	34	.	0,05	0,20	.	.	(Bismarckhering)
2550	105	50	(145)	17	(8,6)	20	.	0,02	0,15	1,5	+	Salzhering (Pökelhering)
2500	235	50	150	35	.	.	.	.	.	.	.	Matjeshering (Filet)
												Heringsfilet in
525	350	50	190	61	1,9	240	3,1	0,06	0,18	2,6	1	Tomatensauce
530	290	180	285	29	1,0	58	.	0,05	0,15	6,5	+	Lachs in Dosen
505	395	330	430	52	2,7	60	1,7	0,05	0,30	6,5	+	Ölsardinen (nur feste Teile)
												Thunfisch in Öl (feste
360	345	7	295	28	1,2	370	.	0,05	0,05	11,0	+	und flüssige Teile)
350	290	75	210	.	2,0	18	1,2	+	0,05	2,0	.	Krabben in Dosen
.	.	.	.	.	.	.	.	.	.	.	.	Fischstäbchen, TK

Lebensmittel	Energiegehalt in 100 g eßbarem Anteil kcal	Abfall %	Der eßbare Teil von 100 g eingekaufter Ware enthält:								Resorbierte Energiemenge %
			Protein g	Fett g	Gesättigte Fettsäuren g	Mehrfach ungesätt. Fetts. g	Cholesterol mg	P/S-Quotient	Kohlenhydrate g	Energie kJ	Energie kcal	

Eier

Lebensmittel	kcal	%	g	g	g	g	mg		g	kJ	kcal	%
Hühnerei	167	12	11	10	3,5	2,0	410	0,57	1	615	147	96
Hühnerei, St. ca. 57 g	95	12	7	6	2,0	1,2	270	0,60	+	350	84	96
Hühnereidotter (Flüssigeigelb)	377	0	16	32	11,0	6,4	1400	0,58	+	1575	377	95
Hühnereiklar (Flüssigeiweiß)	55	0	11	+	+	+	0	+	1	230	55	97
Hühnervollei, getrocknet (Trockenvollei)	613	0	46	42	14,7	8,4	1740	0,57	2	2565	613	96

Milch und Milcherzeugnisse

Lebensmittel	kcal	%	g	g	g	g	mg		g	kJ	kcal	%
Kuhmilch, 3,5% Fett (Vollmilch)	66	0	3,5	3,5	2,1	0,1	12	0,05	5	275	66	95
Kuhmilch (Roh-, Vorzugsmilch)	70	0	3,5	4	2,4	0,1	12	0,04	5	295	70	96
Teilentrahmte (fettarme) Milch	45	0	4	1,5	1,1	+	7	.	5	190	45	97
Entrahmte Milch (Magermilch)	35	0	4	+	.	.	+	.	5	145	35	97
Buttermilch	36	0	4	1	0,6	+	+	.	4	150	36	97
Kondensmilch, ungez. (7,5% Fett)	137	0	7	7,5	4,9	0,2	25	0,04	10	575	137	97
Kondensmilch (10% Fett)	181	0	9	10	6,1	0,3	33	0,05	13	760	181	97

Der eßbare Teil von 100 g eingekaufter Ware enthält:

Natrium mg	Kalium mg	Mineralstoffe Calcium mg	Phosphor mg	Magnesium mg	Eisen mg	A µg	E mg	Vitamine B_1 mg	B_2 mg	Niacin mg	C mg	Lebensmittel
												Eier
125	130	50	190	11	1,8	265	0,9	0,10	0,25	0,1	+	Hühnerei
70	75	30	110	11	1,0	150	.	0,05	0,15	0,05	+	Hühnerei, St. ca. 57 g
50	140	140	590	16	7,2	1490	3,0	0,30	0,40	0,1	+	Hühnereidotter (Flüssigeigelb)
170	155	11	20	12	0,2	+	.	0,02	0,30	0,1	0,3	Hühnereiklar (Flüssigeiweiß)
.	.	190	755	46	8,8	.	5,5	0,45	1,40	0,2	+	Hühnervollei, getrocknet (Trockenvollei)
												Milch und Milcherzeugnisse
50	160	120	90	12	0,1	31	0,1	0,04	0,20	0,1	2,0	Kuhmilch, 3,5% Fett (Vollmilch)
50	160	120	90	12	0,1	33	0,1	0,04	0,20	0,1	2,0	Kuhmilch (Roh-, Vorzugsmilch)
50	140	120	90	12	0,1	14	.	0,05	0,15	.	.	Teilentrahmte (fettarme) Milch
55	150	125	95	14	0,1	.	+	0,05	0,15	.	.	Entrahmte Milch (Magermilch)
55	145	110	90	16	0,1	9	0,1	0,03	0,15	0,1	0,6	Buttermilch
100	320	240	190	27	0,1	54	0,2	0,07	0,35	0,2	2,1	Kondensmilch, ungez. (7,5% Fett)
130	420	315	245	35	0,1	72	0,2	0,10	0,50	0,3	2,7	Kondensmilch (10% Fett)

Lebensmittel	Energie-gehalt in 100 g eßbarem Anteil kcal	Abfall %	Der eßbare Teil von 100 g eingekaufter Ware enthält:							Energie		Resorbierte Energie-menge %
			Pro-tein g	Fett g	Gesättigte Fett-säuren g	Mehrfach ungesätt. Fetts. g	Cho-lesterol mg	P/S-Quotient	Kohlen-hydrate g	kJ	kcal	
Kondensmilch „Leichte 4"	109	0	7,6	4	.	.	.	.	11	455	109	.
Kondensmilch (entrahmt)	86	0	9	+	.	.	.	.	12	360	86	97
Trockenvollmilch (Pulver)	500	0	25	26	15,0	1,0	.	0,07	38	2090	500	96
Trockenmagermilch (Magermilchpulver)	370	0	35	1	0,6	+	+	.	52	1550	370	93
Kakaotrunk	59	0	3,5	0,5	.	.	.	.	10	245	59	.
Schlagsahne mit 30% Fett	302	0	2	30	18,0	0,9	102	0,05	3	1265	302	95
Sahne (Rahm)	127	0	3	10	6,1	0,3	34	0,05	4	530	127	95
Kefir	63	0	3,2	3,5	.	.	.	.	4,6	265	63	.
Vollmilch-Joghurt	74	0	5	4	2,4	0,1	10	0,04	5	310	74	96
Joghurt mit Früchten, 3,5% Fett	101	0	3,5	3	.	.	.	.	15	425	101	.
Joghurt aus entr. Milch	40	0	5	+	+	+	+	.	5	165	40	96
Joghurt mit Früchten, fettarm	83	0	3,5	1	.	.	.	.	15	345	83	.
Schokoladenpudding, verzehrfertig	134	0	3,5	4	.	.	.	.	21	560	134	.
Vanillepudding verzehrfertig	121	0	3,5	3,5	.	.	.	.	19	505	121	.
Eiscreme	205	0	4	12	7,3	0,4	40	0,05	20	860	205	97
Hartkäse, vollfett (45% Fett i. Tr.)	396	6	25	28	17,0	0,8	95	0,05	3	1555	372	95
Hartkäse, dreiviertelfett (30% Fett i. Tr.)	300	7	27	16	9,8	0,5	50	0,05	3	1170	279	95

Der eßbare Teil von 100 g eingekaufter Ware enthält:

	Mineralstoffe						Vitamine					Lebensmittel
Natrium mg	Kalium mg	Calcium mg	Phosphor mg	Magnesium mg	Eisen mg	A µg	E mg	B$_1$ mg	B$_2$ mg	Niacin mg	C mg	
.	.	.	.	.	.	.	.	.	.	.	.	Kondensmilch „Leichte 4"
.	.	.	.	.	.	.	.	.	.	.	.	Kondensmilch (entrahmt)
150	.	150	200	.	.	.	.	0,10	0,40	.	.	Trockenvollmilch (Pulver)
370	1160	920	710	110	0,7	4	0,8	0,25	1,30	0,7	2,0	Trockenmagermilch (Magermilchpulver)
560	1580	1300	1000	110	0,8	260	+	0,35	2,20	1,1	2,0	Kakaotrunk
.	.	.	.	22	.	12	0,1	.	.	.	.	Schlagsahne mit 30% Fett
40	80	75	65	10	.	275	0,8	0,03	0,15	0,1	1,0	Sahne (Rahm)
.	130	110	80	11	0,1	74	.	0,05	0,15	0,1	.	Kefir
60	190	150	135	12	0,2	32	0,1	0,05	0,25	0,2	2,0	Vollmilch-Joghurt
.	.	.	.	12	.	.	+	.	.	.	.	Joghurt mit Früchten, 3,5% Fett
.	160	120	90	14	.	1	.	.	.	.	.	Joghurt aus entr. Milch
.	.	120	90	11	.	14	+	.	.	.	.	Joghurt mit Früchten, fettarm
.	.	.	.	.	.	.	.	.	.	.	.	Schokoladenpudding, verzehrfertig
.	.	.	.	.	.	.	.	.	.	.	.	Vanillepudding, verzehrfertig
100	100	135	115	13	0,1	130	0,7	0,05	0,25	0,1	+	Eiscreme
650	95	830	510	27	0,6	325	0,4	0,05	0,35	0,2	+	Hartkäse, vollfett (45% Fett i. Tr.)
870	85	790	555	.	0,6	145	0,2	0,05	0,35	0,1	+	Hartkäse, dreiviertelfett (30% Fett i. Tr.)

Lebensmittel	Energie-gehalt in 100 g eßbarem Anteil kcal	Abfall %	Pro-tein g	Fett g	Gesättigte Fettsäuren g	Mehrfach ungesätt. Fetts. g	Cho-lesterol mg	P/S-Quotient	Kohlen-hydrate g	Energie kJ	Energie kcal	Resorbierte Energie-menge %
Parmesankäse	395	5	34	25	15,0	0,5	65	0,03	.	1575	376	.
Weichkäse, halbfett (20% Fett i. Tr.)	195	0	26	9	5,5	0,3	31	0,05	1	815	195	95
Edamer Käse, fett (40% Fett i. Tr.)	339	7	24	22	13,0	0,7	75	0,05	3	1320	316	98
Doppelrahmfrischkäse (60% Fett i. Tr.)	355	0	15	31	18,9	0,9	105	0,05	2	1485	355	95
Camembert (45% Fett i. Tr.)	300	0	19	21	12,8	0,6	70	0,05	2	1255	300	96
Schmelzkäse (45% Fett i. Tr.)	305	0	14	24	14,6	0,7	80	0,05	6	1275	305	96
Schmelzkäse, halbfett	209	0	25	9	5,5	0,3	30	0,05	1	875	209	96
Magerkäse unter 10% Fett i. Tr.	127	0	27	+	+	+	7	.	4	530	127	97
Speisequark, mager	57	0	12	+	+	+	+	.	2	240	57	97
Speisequark (20% Fett i. Tr.)	115	0	13	5	2,4	0,1	14	0,04	6	480	115	97
Sahnequark (40% Fett i. Tr.)	166	0	12	11	6,7	0,3	37	0,04	4	695	166	95

Öle und Fette (pflanzliche und tierische)

Lebensmittel	Energie-gehalt in 100 g eßbarem Anteil kcal	Abfall %	Pro-tein g	Fett g	Gesättigte Fettsäuren g	Mehrfach ungesätt. Fetts. g	Cho-lesterol mg	P/S-Quotient	Kohlen-hydrate g	Energie kJ	Energie kcal	Resorbierte Energie-menge %
Butter, Deutsche Marken-Molkerei, Kochbutter	775	0	1	83	50,6	2,5	240	0,05	+	3240	775	95
Halbfettmargarine	398	0	6	40	.	.	0	.	+	1665	398	95
Halbflüssige Fritier- und Bratfette	910	0	+	99	22,0	30,0	0	1,36	+	3810	910	95
Kokosfett	925	0	0,8	99	.	.	.	.	+	3870	925	95
Maiskeimöl	930	0	.	100	12,4	40,5	+	3,27	.	3890	930	95
Margarine	761	0	1	80	14,4	24,8	0	1,72	+	3180	761	95

Der eßbare Teil von 100 g eingekaufter Ware enthält:

Lebensmittel	Mineralstoffe						Vitamine					
	Natrium mg	Kalium mg	Calcium mg	Phosphor mg	Magnesium mg	Eisen mg	A μg	E mg	B_1 mg	B_2 mg	Niacin mg	C mg
Parmesankäse	670	125	1225	810	42	1,0	320	.	0,02	0,59	0,2	.
Weichkäse, halbfett (20% Fett i. Tr.)	1250	115	500	270	39	0,4	40	.	0,05	.	.	+
Edamer Käse, fett (40% Fett i. Tr.)	685	70	710	425	30	0,7	230	0,3	0,05	0,35	0,1	+
Doppelrahmfrischkäse (60% Fett i. Tr.)	340	110	65	190	7	.	325	0,7	0,05	0,30	(0,1)	+
Camembert (45% Fett i. Tr.)	1150	110	380	185	17	0,5	360	0,5	0,05	0,45	1,5	+
Schmelzkäse (45% Fett i. Tr.)	1260	65	545	945	24	1,0	300	.	0,05	0,40	0,2	.
Schmelzkäse, halbfett	1280	35	600	.	.	1,0	150	.	+	0,50	0,2	.
Magerkäse, unter 10% Fett i. Tr.	.	.	200	245	13	1,0	30	.	0,05	0,05	+	1,0
Speisequark, mager	35	95	120	160	12	0,5	2	+	0,05	0,30	0,1	1,0
Speisequark (20% Fett i. Tr.)	35	125	75	200	11	0,4	44	0,1	0,05	0,30	0,1	.
Sahnequark (40% Fett i. Tr.)	30	105	70	200	10	0,3	99	0,3	0,05	0,20	0,1	.

Öle und Fette (pflanzliche und tierische)

Lebensmittel	Natrium mg	Kalium mg	Calcium mg	Phosphor mg	Magnesium mg	Eisen mg	A μg	E mg	B_1 mg	B_2 mg	Niacin mg	C mg
Butter, Deutsche Marken-Molkerei-, Kochbutter	5	15	13	20	3	0,1	650	2,2	0,01	0,02	0,03	+
Halbfettmargarine	.	.	.	.	1	.	.	24,0	.	.	.	.
Halbflüssige Fritier- und Bratfette	.	.	.	.	.	.	.	.	.	.	.	.
Kokosfett	2	2	2	1	.	.	+	.	.	.	.	.
Maiskeimöl	1	1	15	.	.	1,3	35	5,4	.	.	.	.
Margarine	75	7	10	10	1	0,1	590[1]	84,0	.	.	.	+
								20,2	+	+	+	+

[1] Vitamin-A-Werte je nach Höhe der Vitaminierung

Lebensmittel	Energie-gehalt in 100 g eßbarem Anteil kcal	Abfall %	Der eßbare Teil von 100 g eingekaufter Ware enthält:							Energie		Resorbierte Energiemenge %
			Protein g	Fett g	Gesättigte Fettsäuren g	Mehrfach ungesätt. Fetts. g	Cholesterol mg	P/S-Quotient	Kohlenhydrate g	kJ	kcal	
Mayonnaise (80% Fett)	764	0	2	80	11,2	48,8	142	4,36	3	3200	764	95
Olivenöl	927	0	+	100	19,0	8,0	0	0,42	+	3880	927	95
Remoulade	490	0	1	50	.	.	.	.	9	2050	490	95
Rindertalg	920	0	1	97	47,2	4,3	100	0,09	+	3850	920	95
Salat-Dressing	237	0	2	21	.	.	.	.	10	990	237	95
Salatmayonnaise	509	0	1	52	7,3	31,7	81	4,34	5	2130	509	95
Schweineschmalz	947	0	+	100	38,0	10,0	90	0,26	+	3960	947	95
Sonnenblumenöl	928	0	+	100[1])	11,0	64,0	0	5,82	+	3885	928	95

Getreideerzeugnisse

Lebensmittel	kcal	%	Protein g	Fett g	Gesätt. g	Mehrf. g	Chol. mg	P/S	KH g	kJ	kcal	%
Vollreis	371	0	7	2	.	.	.	.	75	1550	371	96
Reis, poliert	368	0	7	1	.	.	.	.	79	1540	368	98
Gerstengraupen	371	0	10	1	.	.	.	.	74	1550	371	92
Haferflocken	402	0	14	7	1,0	4,2	0	4,20	66	1680	402	94
Weizengrieß	370	0	10	1	.	.	.	.	75	1550	370	97
Corn-flakes	388	0	8	1	.	.	.	.	83	1625	388	97
Leinsamen, geschrotet	420	0	19	31	1,9	22,0	.	11,58	13	1760	420	.
Mais-Korn	375	0	9	4	0,6	1,8	.	3,00	71	1570	375	77
Müsli (Früchtemüsli)	371	0	11	6	.	.	.	.	68	1550	371	94
Eierteigwaren (Nudeln, Makk., Spaghetti u. ä.)	390	0	13	3	1,0	0,6	140	0,60	72	1630	390	96
Weizenmehl, Type 1050	370	0	12	2	.	.	.	.	71	1550	370	92
Weizenmehl, Type 550	370	0	11	1	.	.	.	.	74	1550	370	96
Weizenmehl, Type 405	368	0	11	1	.	.	.	.	74	1540	368	97
Weizenkeime	400	0	27	9	.	5	.	.	46	1675	400	87

Der eßbare Teil von 100 g eingekaufter Ware enthält:

	Mineralstoffe					Vitamine				Lebensmittel
Natrium	Kalium	Calcium	Phosphor	Magnesium	Eisen	A	E	B_1	B_2	Niacin	C	
mg	mg	mg	mg	mg	mg	µg	mg	mg	mg	mg	mg	
360	20	19	60	23	1,0	3	58,0	0,05	0,10	0,2	6	Mayonnaise (80% Fett)
1	1	.	.	.	.	(20)	13,7	.	.	.	.	Olivenöl
.	.	.	.	.	.	.	.	.	.	.	.	Remoulade
10	6	+	7	.	0,3	250	1,3	+	+	+	1	Rindertalg
.	.	.	.	1	.	.	30,0	.	.	.	.	Salat-Dressing
400	40	35	90	.	0,8	.	47,5	.	.	.	.	Salatmayonnaise
1	1	.	.	.	.	+	2,2	+	+	+	+	Schweineschmalz
.	1	.	.	1	.	4	67,0	.	.	.	.	Sonnenblumenöl

Getreideerzeugnisse

Natrium	Kalium	Calcium	Phosphor	Magnesium	Eisen	A	E	B_1	B_2	Niacin	C	Lebensmittel
mg	mg	mg	mg	mg	mg	µg	mg	mg	mg	mg	mg	
10	150	25	325	157	2,6	+	4,5	0,40	0,10	5,0	+	Vollreis
6	105	6	120	64	0,6	+	0,4	0,05	0,03	1,5	+	Reis, poliert
5	190	14	190	.	(2,0)	.	0,2	0,10	0,10	3,1	+	Gerstengraupen
3	360	65	405	139	3,6	.	3,7	0,40	0,15	1,0	.	Haferflocken
1	110	17	85	173	1,0	.	1,8	0,10	0,05	1,5	.	Weizengrieß
915	140	13	60	14	2,0	+	0,4	.	0,05	1,4	+	Corn-flakes
+	590	260	+	.	.	75	.	0,41	0,96	4,9	.	Leinsamen, geschrotet
6	330	15	260	18	1,5	60	5,8	0,36	0,20	1,5	.	Mais-Korn
50	435	55	290	.	3,0	10	.	0,36	0,15	2,2	48	Müsli (Früchtemüsli)
7	155	20	195	67	2,1	60	0,3	0,20	0,10	2,0	.	Eierteigwaren (Nudeln, Makk., Spaghetti u. ä.)
2	205	14	230	53	2,8	+	3,7	0,45	.	.	.	Weizenmehl, Type 1050
3	125	16	95	10	1,1	20	2,0	0,10	0,10	0,5	.	Weizenmehl, Type 550
2	110	15	90	.	1,0	10	2,3	0,06	0,03	0,5	.	Weizenmehl, Type 405
5	840	70	1100	250	8,1	160	27,6	2,00	0,72	4,5	.	Weizenkeime

Lebensmittel	Energie-gehalt in 100 g eßbarem Anteil kcal	Abfall %	Der eßbare Teil von 100 g eingekaufter Ware enthält:								Energie		Resorbierte Energiemenge %
			Protein g	Fett g	Gesättigte Fettsäuren g	Mehrfach ungesätt. Fetts. g	Cholesterol mg	P/S-Quotient	Kohlenhydrate g	kJ	kcal	
Weizenkleie	361	0	16	5	.	.	.	.	51	1385	330	52
Roggenmehl, Type 1150	356	0	9	.	.	.	.	.	75	1490	356	92
Maisstärkemehl	367	0	+	.	.	.	.	.	87	1535	367	99
Roggenvollkornbrot	239	0	7	1	.	.	.	.	46	1000	239	88
Roggenbrot	253	0	6	1	.	.	.	.	51	1060	253	88
Pumpernickel	247	0	6	1	.	.	.	.	49	1035	247	89
Leinsamenbrot	280	0	8	4	.	.	.	.	47	1170	280	.
Brötchen (Semmeln)	278	0	7	1	+	+	0	.	58	1165	278	97
Grahambrot	250	0	8	1	.	0,4	.	.	48	1045	250	53
Mischbrot (Roggen-Weizen)	252	0	7	1	.	.	.	.	52	1055	252	94
Weizenvollkornbrot	241	0	8	1	.	.	.	.	47	1010	241	88
Weizen-Toastbrot	297	0	10	2	.	.	.	.	65	1240	297	.
Knäckebrot	380	0	10	1	.	.	.	.	77	1590	380	89
Zwieback, eifrei	403	0	10	4	.	.	.	.	76	1685	403	96
Biskuit	441	0	9	5	2,0	0,1	280	0,05	82	1845	441	95
Kuchen i. D.	314	0	7	13	.	.	.	.	39	1315	314	95
Blätterteig	413	0	5	30	.	.	.	.	32	1730	413	.
Puddingpulver	366	0	5	2	.	.	.	.	80	1530	366	94
Paniermehl	352	0	13	1	.	.	.	.	72	1470	352	94
Bierhefe, getrocknet	344	0	48	1	.	.	.	.	36	1440	344	80
Bäckerhefe, gepreßt	102	0	17	1	.	.	.	.	7	425	102	81

Der eßbare Teil von 100 g eingekaufter Ware enthält:

	Mineralstoffe						Vitamine					Lebensmittel
Natrium	Kalium	Calcium	Phosphor	Magnesium	Eisen	A	E	B_1	B_2	Niacin	C	
mg	mg	mg	mg	mg	mg	µg	mg	mg	mg	mg	mg	
2	1400	45	1240	590	3,6	4	9,1	0,65	0,51	18,0	.	Weizenkleie
1	295	20	235	67	2,4	+	.	0,20	0,10	1,2	.	Roggenmehl, Type 1150
.	7	+	30	.	0,5	+	.	+	0,01	+	+	Maisstärkemehl
425	290	45	220	35	3,3	50	2,4	0,20	0,15	0,5	.	Roggenvollkornbrot
220	100	20	135	35	1,9	+	0,2	0,15	0,10	1,0	.	Roggenbrot
370	340	55	145	80	.	.	.	0,05	.	.	.	Pumpernickel
.	.	.	.	.	.	.	.	.	.	.	.	Leinsamenbrot
485	115	25	110	30	0,6	+	0,4	0,10	0,05	1,0	+	Brötchen (Semmeln)
370	210	45	180	42	1,6	.	.	0,21	0,11	2,5	.	Grahambrot
300	410	20	145	122	1,5	.	.	0,15	0,10	1,5	.	Mischbrot (Roggen-Weizen)
430	.	95	265	92	2,0	.	.	0,25	0,15	3,3	+	Weizenvollkornbrot
640	130	110	100	.	2,2	.	.	0,17	0,04	1,8	.	Weizen-Toastbrot
460	435	55	320	68	4,7	+	4,0	0,20	0,20	1,0	+	Knäckebrot
265	160	40	120	16	1,5	.	2,5	.	.	1,5	.	Zwieback, eifrei
50	145	30	.	.	.	.	2,3	.	.	.	.	Biskuit
.	.	80	100	.	1,0	50	.	0,15	0,10	0,5	1	Kuchen i. D.
.	.	.	.	.	.	.	.	.	.	.	.	Blätterteig
.	.	115	90	.	+	17	.	0,05	0,15	+	+	Puddingpulver
.	.	.	.	.	.	.	.	.	.	.	.	Paniermehl
.	1410	.	1900	.	17,6	.	.	12,00	3,75	44,8	+	Bierhefe, getrocknet
35	650	28	605	.	4,9	.	0,1	1,45	2,30	17,4	.	Bäckerhefe, gepreßt

Lebensmittel	Energie-gehalt in 100 g eßbarem Anteil kcal	Abfall %	Der eßbare Teil von 100 g eingekaufter Ware enthält:							Energie		Resorbierte Energie-menge %
			Pro-tein g	Fett g	Gesättigte Fett-säuren g	Mehrfach ungesätt. Fetts. g	Cho-lesterol mg	P/S-Quotient	Kohlen-hydrate g	kJ	kcal	

Kartoffeln

Kartoffeln mit Schalen	85	20	2	+	.	.	.	.	15	285	68	94
Kartoffeln ohne Schalen	85	0	2	+	.	.	.	.	19	355	85	94
Trockenkartoffeln[1]	370	0	7	1	.	.	.	.	82	1550	370	95
Bratkartoffeln, Trockenprod.	350	0	9	1	.	.	.	.	75	1465	350	.
Kartoffelpuffer, Trockenprod.	340	0	5	+	.	.	.	.	78	1420	340	.
Kartoffelpuffer, verzehrfertig	247	0	3,5	15,5	.	.	.	.	23	1035	247	.
Kartoffelsalat, Trockenprod. (inkl. 2 Eßlöffel Öl)	570		10	25	.	.	.	.	73	2385	570	.
Pommes frites (erhitzte)	270	0	4	12	.	.	.	.	34	1130	270	94
Kartoffel-Chips	568	0	5	40	.	.	.	.	50	2375	568	.
Kartoffelknödelmehl[2]	335	0	5	+	.	.	.	.	77	1400	335	95
Rohe Klöße, verzehrfertig	106	0	1	+	.	.	.	.	24	445	106	.
Gekochte Klöße, verzehrfertig	117	0	1	.	.	.	.	.	27	490	117	.
Semmelknödel, verzehrfertig	144	0	6	2	.	.	.	.	26	600	144	.
Kartoffelpüree (trocken)[3]	365	0	8	1	.	.	.	.	79	1530	365	95
Kartoffelstärkemehl	361	0	1	+	.	.	.	.	83	1510	361	96

Hülsenfrüchte

Bohnen, weiße	352	1	21	2	.	.	.	.	57	1460	349	91
Erbsen, gelbe, geschält	370	3	22	1	.	.	.	.	59	1500	359	91
Linsen	354	0	24	1	.	.	.	.	56	1480	354	91
Sojabohnen (im Glas)	75	0	7	3	.	.	.	.	6	315	75	.

[1] je 100 g verzehrfertige Zubereitung (ca. 20 g Trockenprodukt) = 75 kcal (310 kJ)   [2] je 100 g verzehrfertige Zubereitung (ca. 30 g Trockenprodukt) entspricht zumindest 1 Knödel = 100

Der eßbare Teil von 100 g eingekaufter Ware enthält:

Lebensmittel	Mineralstoffe					Vitamine					
	Natrium mg	Kalium mg	Calcium mg	Phosphor mg	Magnesium mg	Eisen mg	A µg	E mg	B_1 mg	B_2 mg	Niacin mg	C mg

Kartoffeln

Lebensmittel	Natrium mg	Kalium mg	Calcium mg	Phosphor mg	Magnesium mg	Eisen mg	A µg	E mg	B_1 mg	B_2 mg	Niacin mg	C mg
Kartoffeln mit Schalen	15	350	10	45	20	0,7	4	0,1	0,10	0,05	1,0	12
Kartoffeln ohne Schalen	20	445	13	60	25	0,9	5	.	0,10	0,05	1,0	15
Trockenkartoffeln[1]	.	.	25	105	.	3,7	40	.	0,25	0,10	5,0	26
Bratkartoffeln, Trockenprod.	.	.	.	.	.	.	.	0,2	.	.	.	.
Kartoffelpuffer, Trockenprod.	1700	800	25	200	.	1,5	.	.	.	.	.	.
Kartoffelpuffer, verzehrfertig	.	.	.	.	.	.	.	.	.	.	.	.
Kartoffelsalat, Trockenprod. (inkl. 2 Eßlöffel Öl)	.	.	.	.	.	.	.	.	.	.	.	.
Pommes frites (erhitzte)	.	.	9	85	43	1,8	0	7,3	0,15	0,02	2,6	21
Kartoffel-Chips	.	.	40	140	64	1,8	.	0,4	0,21	0,70	4,8	16
Kartoffelknödelmehl[2]	.	.	.	110	.	+	.	.	.	.	.	.
Rohe Klöße, verzehrfertig	.	.	.	.	.	.	.	.	.	.	.	.
Gekochte Klöße, verzehrfertig	.	.	.	.	.	.	.	.	.	.	.	.
Semmelknödel, verzehrfertig	.	.	.	.	.	.	.	.	.	.	.	.
Kartoffelpüree (trocken)[1]	210	.	30	230	69	2,2	.	.	.	.	.	.
Kartoffelstärkemehl	8	15	35	5	5	1,8	+	.	+	+	+	+

Hülsenfrüchte

Lebensmittel	Natrium mg	Kalium mg	Calcium mg	Phosphor mg	Magnesium mg	Eisen mg	A µg	E mg	B_1 mg	B_2 mg	Niacin mg	C mg
Bohnen, weiße	2	1300	105	425	131	6,0	65	2,3	0,45	0,15	2,0	3
Erbsen, gelbe, geschält	30	915	45	290	115	5,0	20	4,9	0,70	0,20	3,0	1
Linsen	4	810	75	410	77	6,9	20	1,3	0,45	0,25	2,0	.
Sojabohnen (im Glas)	.	.	55	100	205	2,9	.	.	0,09	0,09	.	8

Lebensmittel	Energie-gehalt in 100 g eßbarem Anteil	Abfall	Der eßbare Teil von 100 g eingekaufter Ware enthält:							Energie		Resorbierte Energie-menge
			Pro-tein	Fett	Gesättigte Fett-säuren	Mehrfach ungesätt. Fetts.	Cho-lesterol	P/S-Quotient	Kohlen-hydrate			
	kcal	%	g	g	g	g	mg		g	kJ	kcal	%
Sojabohnenkeime	75	0	6	1	.	.	.	.	5	250	60	.
Sojamehl, vollfett (Sojaflocken)	469	0	37	21	.	.	.	.	26	1960	469	87

Süßwaren, Zucker

Lebensmittel	Energie-gehalt in 100 g eßbarem Anteil	Abfall	Pro-tein	Fett	Gesättigte Fett-säuren	Mehrfach ungesätt. Fetts.	Cho-lesterol	P/S-Quotient	Kohlen-hydrate	Energie		Resorbierte Energie-menge
	kcal	%	g	g	g	g	mg		g	kJ	kcal	%
Bienenhonig i. D.	305	0	+	.	.	.	.	.	81	1275	305	98
Bonbons i. D.	390	0	1	.	.	.	.	.	94	1630	390	97
Diabetikermarmelade	210	0	0	.	.	.	.	.	52	880	210	.
Fondant	348	0	0	0	.	.	.	.	88	1450	348	.
Fruchtbonbons	360	0	.	.	.	.	.	.	100	1500	360	.
Fruchtgummi	350	0	10	.	.	.	.	.	80	1400	350	.
Halbbitterschokolade	507	0	5	30	1,1	.	.	.	54	2130	507	.
Kakaopulver, schwach entölt	472	0	20	25	.	.	.	.	38	1975	472	62
Karamelle, ungefüllt	400	0	.	.	.	.	.	.	100	1700	400	.
Kokosflocken	444	0	2	18	.	0,7	0	.	69	1865	444	.
Lakritze	250	0	+	+	.	.	.	.	60	1000	250	.
Marmelade i. D.	261	0	+	.	.	.	.	.	66	1090	261	97
Marzipan	495	0	8	25	.	.	.	.	57	2070	495	.
Milchkaramellen	393	0	3	5	.	0,1	.	.	84	1650	393	.
Mokkabohnen	533	0	7	33	.	.	.	.	47	2225	533	.
Negerkuß	400	0	+	11	.	.	.	.	74	1710	400	.
Nougat	500	0	5	24	.	3,1	.	.	66	2100	500	.
Nuß-Nougat-Creme	550	0	5	35	.	.	.	.	50	2300	550	.
Popcorn, süß	400	0	13	5	.	.	.	.	78	1700	400	.
Pralinen i. D.	457	0	5	16	.	.	.	.	70	1910	457	97
Salmiakpastillen	300	0	.	.	.	.	.	.	70	1150	300	.

Der eßbare Teil von 100 g eingekaufter Ware enthält:

Natrium	Mineralstoffe				Vitamine					Lebensmittel
	Kalium	Calcium	Phosphor	Magnesium	Eisen	A	E	B_1	B_2	Niacin	C	
mg	mg	mg	mg	mg	mg	µg	mg	mg	mg	mg	mg	
.	.	48	67	.	1,0	80	0,1	0,23	0,20	0,8	13	Sojabohnenkeime
4	1870	195	555	247	12,1	15	21,0	0,75	0,30	2,0	+	Sojamehl, vollfett (Sojaflocken)

Süßwaren, Zucker

Natrium	Kalium	Calcium	Phosphor	Magnesium	Eisen	A	E	B_1	B_2	Niacin	C	Lebensmittel
7	45	5	20	6	1,3	+	.	+	0,05	0,1	2	Bienenhonig i. D.
.	.	.	.	.	.	.	.	.	.	.	.	Bonbons
.	.	.	.	.	.	.	.	.	.	.	.	Diabetikermarmelade
17	2	3	0	3	0	0	.	0	0	0	0	Fondant
.	.	.	.	.	.	.	.	.	.	.	.	Fruchtbonbons
.	.	.	.	.	.	.	.	.	.	.	.	Fruchtgummi
15	450	60	220	290	3,0	.	.	0,08	0,08	0,7	0	Halbbitterschokolade
35	1920	115	650	414	11,5	8	3,2	0,10	0,10	1,9	.	Kakaopulver, schwach entölt
.	.	.	.	.	.	.	.	.	.	.	.	Karamelle, ungefüllt
18	195	10	50	.	1,2	.	.	0,03	+	0,2	2	Kokosflocken
.	.	.	.	.	.	.	.	.	.	.	.	Lakritze
10	15	10	15	4	.	.	.	+	+	+	8	Marmelade i. D.
5	209	120	220	120	2,0	.	9,1	0,10	0,45	1,4	2	Marzipan
.	.	.	.	.	.	.	.	.	.	.	.	Milchkaramelle
.	.	.	.	.	.	.	.	.	.	.	.	Mokkabohnen
.	.	.	.	.	.	.	.	.	.	.	.	Negerkuß
3	155	75	125	.	3,0	0	.	0,12	0,06	0,4	1	Nougat
.	.	.	.	.	.	.	.	.	.	.	.	Nuß-Nougat-Creme
.	.	.	.	.	.	.	.	.	.	.	.	Popcorn, süß
.	400	.	.	.	.	.	.	.	.	.	.	Pralinen i. D.
.	.	.	.	.	.	.	.	.	.	.	.	Salmiakpastillen

Lebensmittel	Energiegehalt in 100 g eßbarem Anteil kcal	Abfall %	Der eßbare Teil von 100 g eingekaufter Ware enthält:							Energie		Resorbierte Energiemenge
			Protein g	Fett g	Gesättigte Fettsäuren g	Mehrfach ungesätt. Fetts. g	Cholesterol mg	P/S-Quotient	Kohlenhydrate g	kJ	kcal	%
Vollmilchschokolade	563	0	9	33	.	.	.	.	55	2355	563	87
Weinbrandbohnen o. Kruste	335	0	+	25	.	.	.	.	25	1400	335	.
Weinbrandkirschen	350	0	+	18	.	.	.	.	45	1465	350	.
Zucker	394	0	.	.	.	.	.	.	100	1650	394	98

Gemüse

Lebensmittel	kcal	%	Protein g	Fett g	Ges. g	Mehrf. g	Chol. mg	P/S	Kohlenh. g	kJ	kcal	%
Artischocke	45	52	1	+	.	.	.	.	5	98	23	84
Auberginen	25	17	1	+	.	.	.	.	4	90	21	84
Avokados	204	25	2	15	.	.	.	.	4	640	153	89
Blumenkohl	28	38	2	+	.	.	.	.	2	70	17	80
Bohnen, grün (Schnittbohnen)	33	6	2	+	.	.	.	.	5	130	31	81
Broccoli	33	39	2	+	.	.	.	.	.	85	20	80
Chicorée	16	11	1	+	.	.	.	.	2	60	14	82
Chinakohl	16	21	1	0,3	.	.	.	.	2	55	13	75
Dicke Bohnen	55	60	3	+	.	.	.	.	2	90	22	.
Endivie	17	23	1	+	.	.	.	.	2	55	13	77
Erbsen, grün	93	60	3	+	.	.	.	.	6	155	37	90
Feldsalat (Rapunzel)	22	23	2	+	.	.	.	.	2	70	17	82
Fenchelknollen	50	7	2	+	.	.	.	.	8	195	47	.
Grünkohl (Braunkohl)	46	49	2	1	.	.	.	.	3	95	23	79
Gurken, ungeschält	10	26	+	+	.	.	.	.	1	30	7	81
Kohlrabi	26	32	1	+	.	.	.	.	3	75	18	87
Kohlrübe	35	17	1	+	.	.	.	.	6	120	29	94
Kopfsalat	15	32	1	+	.	.	.	.	1	40	10	81

Der eßbare Teil von 100 g eingekaufter Ware enthält:

Natrium	Mineralstoffe				Eisen	Vitamine					C	Lebensmittel
	Kalium	Calcium	Phosphor	Magnesium		A	E	B_1	B_2	Niacin		
mg	mg	mg	mg	mg	mg	µg	mg	mg	mg	mg	mg	
60	420	215	240	104	3,1	25	2,9	0,10	0,40	0,5	+	Vollmilchschokolade
.	.	.	.	.	.	.	.	.	.	.	.	Weinbrandbohnen o. Kruste
.	.	.	.	.	.	.	.	.	.	.	.	Weinbrandkirschen
+	2	1	+	.	0,3	.	.	.	.	.	.	Zucker

Gemüse

Natrium	Kalium	Calcium	Phosphor	Magnesium	Eisen	A	E	B_1	B_2	Niacin	C	Lebensmittel
22	185	25	55	13	0,7	16	0,1	0,05	0,02	0,2	4	Artischocke
4	195	10	20	9	0,5	3	+	0,04	0,04	0,5	4	Auberginen
3	415	8	30	22	0,5	35	2,3	0,07	0,13	1,0	10	Avokados
10	205	13	35	11	0,4	4	0,1	0,05	0,05	0,4	43	Blumenkohl
2	245	45	35	24	0,7	50	0,3	0,05	0,15	0,5	18	Bohnen, grün (Schnittbohnen)
8	280	65	50	11	0,8	190	0,4	0,06	0,13	0,6	70	Broccoli
4	170	25	25	12	0,7	190	.	0,05	0,05	0,2	9	Chicorée
5	160	30	30	9	0,5	6	0,1	0,03	0,04	0,4	28	Chinakohl
.	.	150	460	.	10,0	17	.	0,25	0,25	.	20	Dicke Bohnen
40	265	40	40	8	1,1	145	.	0,05	0,10	0,3	7	Endivie
1	120	10	50	13	0,8	35	1,2	0,10	0,05	1,0	10	Erbsen, grün
3	325	27	38	13	1,5	500	.	0,05	0,06	0,3	27	Feldsalat (Rapunzel)
80	460	100	50	.	2,5	730	5,6	0,21	0,10	0,2	87	Fenchelknollen
20	250	110	45	16	1,0	460	.	0,05	0,15	1,0	54	Grünkohl (Braunkohl)
6	105	11	15	6	0,4	21	0,2	0,01	0,02	0,2	1	Gurken, ungeschält
7	265	50	35	28	0,6	30	.	0,05	0,03	1,2	36	Kohlrabi
8	190	40	25	9	0,4	14	.	0,05	0,05	0,7	27	Kohlrübe
5	150	15	25	8	0,4	90	0,3	0,05	0,05	0,3	7	Kopfsalat

Lebensmittel	Energiegehalt in 100 g eßbarem Anteil	Abfall	Der eßbare Teil von 100 g eingekaufter Ware enthält:								Resorbierte Energiemenge
			Protein	Fett	Gesättigte Fettsäuren	Mehrfach ungesätt. Fetts.	Cholesterol	P/S-Quotient	Kohlenhydrate	Energie	
	kcal	%	g	g	g	g	mg		g	kJ	kcal	%
Kürbis	28	30	1	+	.	.	.	.	4	85	20	86
Lauch	38	42	1	+	.	.	.	.	4	90	22	79
Maiskolben	374	64	3	1	.	.	.	.	19	525	125	.
Maronen	240	19	3	1	.	.	.	.	42	810	194	.
Meerrettich	76	47	2	+	.	.	.	.	8	165	40	93
Möhren (Karotten, Mohrrüben)	35	17	1	+	.	.	.	.	6	120	29	93
Paprikafrüchte, -schoten	28	23	1	+	.	.	.	.	4	90	22	82
Radieschen	19	37	1	+	.	.	.	.	2	50	12	92
Rettich	20	24	1	+	.	.	.	.	3	65	15	94
Rhabarber	18	22	0,5	+	.	.	.	.	3	60	14	84
Rosenkohl	52	22	4	1	.	.	.	.	6	170	40	79
Rote Bete	37	22	1	+	.	.	.	.	6	120	29	92
Rotkohl (Blaukraut)	27	22	1	+	.	.	.	.	4	90	21	82
Schwarzwurzel	74	44	1	+	.	.	.	.	9	170	41	95
Sellerie (Knolle)	38	27	1	+	.	.	.	.	5	115	28	92
Spargel	20	26	1	+	.	.	.	.	2	65	15	88
Spinat	21	15	2	+	.	.	.	.	2	75	18	81
Tomate	19	4	1	+	.	.	.	.	3	75	18	89
Weißkohl (Weißkraut)	25	22	1	+	.	.	.	.	3	80	19	81
Wirsingkohl	33	28	2	+	.	.	.	.	3	100	24	79
Zwiebel	45	8	1	+	.	.	.	.	9	175	42	94
Petersilie, Blatt	61	40	3	+	.	.	.	.	6	155	37	80
Schnittlauch	55	0	4	1	.	.	.	.	8	230	55	82
Erbsen, grün (in Dosen)	66	0	4	+	.	.	.	.	11	275	66	92
Grüne Bohnen (in Dosen)	23	0	1	+	.	.	.	.	4	95	23	83

Der eßbare Teil von 100 g eingekaufter Ware enthält:

Natrium	Mineralstoffe					Vitamine						Lebensmittel
	Kalium	Calcium	Phosphor	Magnesium	Eisen	A	E	B_1	B_2	Niacin	C	
mg	mg	mg	mg	mg	mg	µg	mg	mg	mg	mg	mg	
1	270	15	30	6	0,6	230	1,0	0,05	0,05	0,4	6	Kürbis
3	130	50	25	10	0,6	20	1,2	0,05	0,05	0,3	17	Lauch
.	.	.	.	30	.	.	.	.	.	.	.	Maiskolben
.	.	27	90	.	1,8	90	0,5	0,22	0,22	0,6	.	Maronen
5	295	55	35	18	0,7	2	.	0,05	0,05	0,3	60	Meerrettich
												Möhren
35	235	30	25	15	0,6	1120	0,6	0,05	0,05	1,0	5	(Karotten, Mohrrüben)
1	165	9	20	9	0,6	230	0,5	0,05	0,05	0,3	107	Paprikafrüchte, -schoten
10	160	20	15	5	0,9	3	.	0,02	0,02	0,2	18	Radieschen
15	245	25	20	11	0,6	1	0	0,05	0,02	0,3	22	Rettich
2	210	40	20	10	0,4	9	0,2	0,02	0,02	0,2	8	Rhabarber
6	325	24	65	17	0,9	63	0,9	0,10	0,14	0,5	81	Rosenkohl
65	260	25	35	1	0,7	2	.	0,02	0,03	0,2	8	Rote Bete
3	205	25	25	14	0,4	4	.	0,05	0,05	0,4	39	Rotkohl (Blaukraut)
3	180	30	40	13	1,9	2	+	0,05	0,02	0,2	2	Schwarzwurzel
55	235	50	60	7	0,4	2	1,9	0,05	0,05	0,7	6	Sellerie (Knolle)
3	155	16	35	15	0,7	4	2,1	0,10	0,10	0,5	16	Spargel
50	540	85	35	49	5,2	600	2,1	0,05	0,20	0,5	37	Spinat
6	285	13	25	19	0,5	130	0,5	0,05	0,03	0,5	23	Tomate
10	175	35	20	18	0,4	6	+	0,05	0,03	0,3	36	Weißkohl (Weißkraut)
7	205	35	40	9	.	5	1,8	0,05	0,05	0,2	32	Wirsingkohl
8	160	30	40	8	0,5	5	0,2	0,03	0,03	0,2	8	Zwiebel
20	600	145	75	25	4,8	730	1,1	0,10	0,20	0,8	100	Petersilie, Blatt
3	435	130	75	44	1,9	50	.	0,15	0,15	0,6	47	Schnittlauch
145	135	20	65	27	1,8	70	2,6	0,12	0,06	0,8	9	Erbsen, grün (in Dosen)
275	150	34	24	200	1,3	33	0,1	0,07	0,04	0,3	4	Grüne Bohnen (in Dosen)

Lebensmittel	Energie-gehalt in 100 g eßbarem Anteil kcal	Abfall %	Der eßbare Teil von 100 g eingekaufter Ware enthält:									
			Pro-tein g	Fett g	Gesättigte Fett-säuren g	Mehrfach ungesätt. Fetts. g	Cho-lesterol mg	P/S-Quotient	Kohlen-hydrate g	Energie		Resorbierte Energie-menge %
										kJ	kcal	
Maiskörner (in Dosen)	66	0	2	+	.	.	.	.	16	275	66	.
Möhren (in Dosen)	30	0	1	.	.	.	.	.	6	125	30	94
Gemüsekonserven i.D.	36	0	2	+	.	.	.	.	6	150	36	92
Sauerkraut	26	0	2	+	.	.	.	.	4	110	26	77
Essiggurken	17	0	1	+	.	.	.	.	3	70	17	82
Mixed Pickles	18	0	1	+	.	.	.	.	4	75	18	82
Silberzwiebeln	16	0	0,5	.	.	.	.	.	4	65	16	82
Tomatenketchup	107	0	2	+	.	.	.	.	24	450	107	96
Tomatenmark	50	0	2	+	.	.	.	.	9	210	50	89
Champignon	24	9	3	+	.	.	.	.	3	90	22	72
Pfifferling (Rehling)	23	39	1	+	.	.	.	.	2	60	14	89
Steinpilz	34	20	2	+	.	.	.	.	4	115	27	91
Steinpilz, getrocknet	283	0	20	3	.	.	.	.	44	1185	283	89
Grüne Bohnen, getrocknet	328	0	21	1	.	.	.	.	56	1370	328	80
Karotten, getrocknet	328	0	7	2	.	.	.	.	68	1370	328	84
Kohl, getrocknet	355	0	14	2	.	.	.	.	69	1485	355	82
Zwiebeln, getrocknet	338	0	11	1	.	.	.	.	69	1415	338	83
Gemüsesaft	24	0	1	.	.	.	.	.	6	100	24	.
Karottensaft	27	0	1	.	.	.	.	.	6	115	27	85
Tomatensaft	20	0	1	+	.	.	.	.	4	85	20	90

Nüsse

Erdnüsse geröstet u. geschält	650	0	26	49	7,5	15,0	0	2,00	18	2720	650	89
Haselnüsse o. Sch.	690	0	14	62	9,9	19,8	0	2,00	13	2890	690	89

Der eßbare Teil von 100 g eingekaufter Ware enthält:

	Mineralstoffe					Vitamine					Lebensmittel
Natrium	Kalium	Calcium	Phosphor	Magnesium	Eisen	A	E	B_1	B_2	Niacin	C	
mg	mg	mg	mg	mg	mg	µg	mg	mg	mg	mg	mg	
236	97	4	48	45	0,4	30	.	0,03	0,05	1,2	5	Maiskörner (in Dosen)
61	140	24	22	5	0,7	1213	.	0,02	0,02	0,3	3	Möhren (in Dosen)
300	250	25	40	.	1,3	53	.	0,10	0,05	0,6	9	Gemüsekonseren i. D.
355	290	50	45	.	0,6	3	.	0,05	0,05	0,2	20	Sauerkraut
960	.	30	30	.	1,6	.	.	+	0,02	.	.	Essiggurken
.	.	.	5	.	.	.	.	.	.	.	.	Mixed Pickles
.	.	.	.	.	.	.	.	.	.	.	.	Silberzwiebeln
1300	800	12	18	19	0,8	105	.	0,07	0,07	1,1	11	Tomatenketchup
590	1160	60	35	66	1,0	210	.	0,10	0,06	1,5	9	Tomatenmark
6	440	8	105	13	1,7	+	0,1	0,10	0,40	5,5	5	Champignon
2	310	5	25	9	4,0	+	+	0,01	0,15	4,0	2	Pfifferling (Rehling)
5	390	7	90	10	0,8	+	0,5	0,03	0,30	3,9	3	Steinpilz
15	2000	35	640	.	8,4	.	0,2	.	.	.	.	Steinpilz, getrocknet
.	1770	195	420	.	7,0	250	0,5	0,50	0,40	3,4	24	Grüne Bohnen, getrocknet
495	2640	255	105	73	4,7	15550	.	0,35	0,30	3,4	19	Karotten, getrocknet
.	.	375	275	.	4,7	55	.	0,40	0,35	2,5	189	Kohl, getrocknet
105	1040	160	245	106	3,3	45	.	0,25	0,20	1,1	42	Zwiebeln, getrocknet
.	.	.	.	.	.	.	.	.	.	.	.	Gemüsesaft
52	220	27	30	.	0,6	435	.	.	.	.	4	Karottensaft
5	235	15	15	10	0,6	90	0,7	0,06	0,03	0,7	15	Tomatensaft

Nüsse

												Erdnüsse
6	780	65	410	182	2,3	.	16,4	0,25	0,14	14,3	.	geröstet u. geschält
2	635	225	330	156	3,8	2	11,8	0,40	0,20	1,4	3	Haselnüsse o. Sch.

Lebensmittel	Energie-gehalt in 100 g eßbarem Anteil kcal	Abfall %	Der eßbare Teil von 100 g eingekaufter Ware enthält:							Energie		Resorbierte Energiemenge %
			Protein g	Fett g	Gesättigte Fettsäuren g	Mehrfach ungesätt. Fetts. g	Cholesterol mg	P/S-Quotient	Kohlenhydrate g	kJ	kcal	
Kokosnuß o. Sch.	399	0	4	37	.	.	.	.	10	1670	399	91
Mandeln o. Sch.	651	0	18	54	4,9	11,3	0	2,31	16	2725	651	89
Walnüsse o. Sch.	705	0	15	63	3,8	19,5	0	5,13	14	2950	705	90

Obst

Lebensmittel	Energie-gehalt kcal	Abfall %	Protein g	Fett g	Gesätt. Fetts. g	Mehrfach ungesätt. Fetts. g	Cholesterol mg	P/S-Quotient	Kohlenhydrate g	kJ	kcal	Resorb. %
				Fruchtsäure								
Apfel	54	8	0,3	1	.	.	.	.	12	210	50	89
Birne	59	7	0,5	+	.	.	.	.	13	230	55	89
Aprikose	54	9	0,8	1	.	.	.	.	11	205	49	89
Kirsche, süß	65	12	0,7	1	.	.	.	.	13	240	57	89
Pfirsich	46	8	0,7	1	.	.	.	.	10	175	42	91
Pflaume (Zwetschge)	62	6	0,6	1	.	.	.	.	14	245	58	89
Brombeeren	48	0	1,2	1	.	.	.	.	9	200	48	90
Erdbeeren	37	3	0,8	1	.	.	.	.	7	150	36	89
Heidelbeeren	62	3	0,6	1	.	.	.	.	13	250	60	90
Himbeeren	40	0	1,3	1	.	.	.	.	8	165	40	90
Johannisbeeren, rot	45	2	1,1	2	.	.	.	.	9	185	44	91
Johannisbeeren, schwarz	57	2	1,3	3	.	.	.	.	12	235	56	89
Preiselbeeren	46	6	0,3	2	.	.	.	.	9	180	43	91
Stachelbeeren	44	2	0,8	.	.	.	.	.	9	180	43	89
Weintrauben	73	4	0,7	.	.	.	.	.	16	295	70	90
Ananas	56	46	0,3	.	.	.	.	.	7	125	30	91
Apfelsine (Orange)	54	28	0,7	1	.	.	.	.	9	165	39	89

Der eßbare Teil von 100 g eingekaufter Ware enthält:

Lebensmittel

	Mineralstoffe					Vitamine					
Natrium	Kalium	Calcium	Phosphor	Magnesium	Eisen	A	E	B_1	B_2	Niacin	C
mg	mg	mg	mg	mg	mg	µg	mg	mg	mg	mg	mg
35	.	20	95	28	2,3	.	0,6	0,06	0,01	0,4	2	Kokosnuß o. Sch.
.	835	250	455	129	4,1	20	13,3	0,20	0,60	4,2	1	Mandeln o. Sch.
4	545	70	430	129	2,1	4	10,6	0,35	0,10	1,0	15	Walnüsse o. Sch.

Obst

3	130	7	10	6	0,4	10	0,5	0,03	0,03	0,3	11[1]	Apfel
2	115	16	20	7	0,3	15	0,4	0,05	0,03	0,2	5	Birne
2	250	15	20	8	0,6	250	0,5	0,04	0,05	0,7	9	Aprikose
2	200	14	20	10	0,4	45	0,2	0,03	0,03	0,2	9	Kirsche, süß
3	200	5	30	9	1,2	70	0,6	0,05	0,05	0,7	10	Pfirsich
2	210	13	15	9	0,4	33	0,8	0,07	0,04	0,4	5	Pflaume (Zwetschge)
3	190	30	30	30	0,9	45	0,6	0,03	0,05	0,4	17	Brombeeren
2	140	25	30	19	0,9	8	0,2	0,03	0,05	0,5	62	Erdbeeren
1	65	10	10	2	0,7	20	.	0,02	0,02	0,4	21	Heidelbeeren
.	170	40	45	19	1,0	7	1,4	0,02	0,05	0,3	25	Himbeeren
1	230	30	25	19	0,9	6	0,2	0,04	0,03	0,2	35	Johannisbeeren, rot
2	300	45	40	19	1,3	23	1,0	0,05	0,04	0,3	170	Johannisbeeren, schwarz
2	65	13	10	5	0,5	4	.	0,01	0,02	.	12	Preiselbeeren
2	200	30	30	15	0,6	34	1,0	0,02	0,02	0,2	34	Stachelbeeren
2	255	20	25	9	0,5	5	.	0,05	0,03	0,2	4	Weintrauben
1	95	9	5	9	0,2	5	0,1	0,04	0,02	0,1	11	Ananas
2	130	30	15	10	0,4	11	0,2	0,06	0,03	0,2	36	Apfelsine (Orange)

[1]) Schwankungen von Sorte zu Sorte

Lebensmittel	Energiegehalt in 100 g eßbarem Anteil kcal	Abfall %	Der eßbare Teil von 100 g eingekaufter Ware enthält:							Energie		Resorbierte Energiemenge %
			Protein g	Fett g	Gesättigte Fettsäuren g	Mehrfach ungesätt. Fetts. g	Cholesterol mg	P/S-Quotient	Kohlenhydrate g	kJ	kcal	
Azerola	34	19	0,3	+	.	.	.	.	7	115	28	92
Banane	99	33	0,8	+	.	.	.	.	16	275	66	90
Clementine	46	28	0,6	1	.	.	.	.	8	140	33	.
Granatapfel	63	44	0,3	1	.	.	.	.	9	145	35	.
Grapefruit	32	34	0,5	4	.	.	.	.	7	120	21	96
Guave	62	3	0,8	1	.	.	.	.	15	250	60	.
Honigmelone	33	37	0,5	1	.	.	.	.	5	90	21	.
Kaki	77	13	0,6	1	.	.	.	.	17	280	66	.
Kiwi	66	15	0,8	1	.	.	.	.	12	235	56	.
Mandarine	47	32	0,5	1	.	.	.	.	8	135	32	90
Mango	66	33	0,5	1	.	.	.	.	11	185	44	.
Nektarine	64	8	0,6	.	.	.	.	.	16	245	59	.
Papaya	39	28	0,4	1	.	.	.	.	8	110	26	.
Passionsfrucht	90	39	1,3	1	.	.	.	.	13	230	55	.
Satsuma	46	28	0,6	1	.	.	.	.	8	140	33	.
Tangerine	46	26	0,6	1	.	.	.	.	9	140	34	.
Wassermelone	25	55	0,3	1	.	.	.	.	3	50	12	92
Zitrone	28	36	0,5	3	.	.	.	.	5	75	18	95

Trockenobst/Obstkonserven

Lebensmittel	Energiegehalt in 100 g eßbarem Anteil kcal	Abfall %	Protein g	Fett g	Gesättigte Fettsäuren g	Mehrfach ungesätt. Fetts. g	Cholesterol mg	P/S-Quotient	Kohlenhydrate g	kJ	kcal	Resorbierte Energiemenge %
Trockenobst i. D.	276	0	2,7	+	.	.	.	.	64	1155	276	90
Apfel	279	0	1,4	4	.	.	.	.	65	1170	279	90
Aprikose	306	0	5,0	2	.	.	.	.	70	1280	306	90
Feige	272	1	3,5	1	.	.	.	.	61	1125	269	90
Pflaume (Zwetschge)	293	15	1,9	2	.	.	.	.	59	1040	249	90

Der eßbare Teil von 100 g eingekaufter Ware enthält:

Lebensmittel

Natrium mg	Mineralstoffe						Vitamine					Lebensmittel
	Kalium mg	Calcium mg	Phosphor mg	Magnesium mg	Eisen mg	A µg	E mg	B$_1$ mg	B$_2$ mg	Niacin mg	C mg	
4	35	10	10	.	0,2	8	.	0,02	0,05	0,3	1370	Azerola
1	260	6	20	24	0,4	25	0,3	0,03	0,04	0,4	8	Banane
1	90	30	15	7	0,3	30	.	0,04	0,01	0,1	36	Clementine
2	145	2	4	.	0,2	+	.	0,02	0,02	0,2	2	Granatapfel
1	120	13	9	7	0,2	2	0,2	0,05	0,02	0,2	30	Grapefruit
4	280	20	40	12	0,9	81	.	0,05	0,05	1,1	243	Guave
8	170	10	10	.	0,2	8	.	0,03	0,02	0,4	14	Honigmelone
5	150	5	21	1	0,3	225	.	0,03	0,02	0,1	9	Kaki
.	260	30	25	21	0,7	50	.	0,01	0,04	0,4	93	Kiwi
1	115	25	15	7	0,3	34	.	0,04	0,02	0,1	20	Mandarine
5	125	7	9	12	0,3	960	0,7	0,04	0,04	0,7	23	Mango
6	270	4	20	.	0,5	455	.	.	.	.	12	Nektarine
20	165	14	12	29	0,2	375	.	0,03	0,03	0,2	40	Papaya
20	210	8	39	.	0,9	130	.	+	0,08	0,9	19	Passionsfrucht
1	90	30	13	.	0,3	30	.	0,04	0,01	0,1	22	Satsuma
2	95	30	15	.	0,3	93	.	0,04	0,01	0,1	23	Tangerine
1	70	4	5	1	0,2	54	.	0,02	0,02	0,1	3	Wassermelone
2	95	7	10	18	0,3	2	0,5	0,03	0,01	0,1	34	Zitrone

Trockenobst/Obstkonserven

												Trockenobst i. D.
55	860	45	90	37	3,5	210	.	0,10	0,10	1,5	9	Apfel
100	620	30	50	.	1,2	.	.	0,10	0,10	0,8	12	Aprikose
10[1]	1370	80	115	50	4,5	760	.	.	.	3,2	11	Feige
40	840	190	105	69	3,3	9	.	0,10	0,10	1,1	.	
7	700	35	60	23	2,0	95	.	0,15	0,10	1,5	3	Pflaume (Zwetschge)

[1]) Unbehandelt, beim behandelten Produkt beträgt der Natriumwert 20 mg

Literatur

K. Biener, *Streß bei Hausfrauen*. In: Münchner medizinische Wochenschrift, 128/1986

Thomas R. Blakeslee, *Das rechte Gehirn*. Freiburg, 1986

V. Böhlau, *Vitamin E*. Melsungen, 1984

V. Böhlau (Hrsg.), *Altern: Körperliches und geistiges Training*. Stuttgart, 1984

V. Böhlau, *Alter, Sport und Leistung*. Stuttgart, 1978

Siegfried Borelli, *Potenz und Potenzstörungen des Mannes*. O. Ort, 1971

W. Bräutigam/P. Christian, *Psychosomatische Medizin*. Stuttgart, 1981

Michael S. Brown/Joseph L. Goldstein, *Arteriosklerose und Cholesterin: Die Rolle der LDL-Rezeptoren*. In: Spektrum der Wissenschaft, 1/1985

A. Carlsson, *Altern und Neurotransmitter im Gehirn*. In: Rothenburger Gespräch 1980, Rothenburg, 1980

E. Clees, *L-Tryptopham als physiologisches Schlafmittel*. In: Hessisches Ärzteblatt, 10/1983

Kenneth H. Cooper, *Bewegungstraining*. Frankfurt, 1975

Thorwald Detlefsen/Rüdiger Dahlke, *Krankheit als Weg*. München, 1983

John C. Eccles, *Das Gehirn des Menschen*. München, 1979

A. W. v. Eift, *Seelische und körperliche Störungen durch Streß*. Stuttgart, 1976

H. Frank (Hrsg.), *Gerotherapie*. Stuttgart, 1983

J. v. Franz, *Training für Herz und Kreislauf*. O. Ort, 1978

Ilse Gretzmacher-Becker, *Climacterium feminale*. In: Der Kassenarzt, 43/1984

Halhuber/Halhuber, *Sexualverhalten und Herzinfarkt*. In: Eicher/Vogt, *Praktische Sexualmedizin*, Band 4. Wiesbaden, 1981

Hans-Jürgen Holtmeier, *Ernährung des alternden Menschen*. Stuttgart, 1970

Hormone – somatotrop und psychotrop, Kongreß der deutschen Endokrinologen in Göttingen 1985. Selecta 20/1985

Hoyer/Weidner/Bräuer, *Exempla Functionis Cerebri*, Band 1: *Zur Physiologie und Pathophysiologie von Hirnfunktionen*. Wiesbaden, 1982

INFRATEST-Studie Ausgabe 425/1985, Gesundheitsforschung bei Pons/Trogsonwerke. Köln, 1985

Anita Karsten, *Das Vorurteil*. Darmstadt, 1978

Paul J. Keller, *Hormonelle Störungen der Frau*. Heidelberg, 1984

Ingrid Klampfl-Lehmann, *Der Schlüssel zum besseren Gedächtnis*. München, 1986

Kockott, *Die Sexualität im höheren Alter*. In: M. Bergner/B. Kark (Hrsg.), *Psychosomatik in der Geriartrie*. Darmstadt, 1985

Dietrich Langen, *Die gestufte Aktivhypnose*. Stuttgart, 1967

Ursula Lehr, *Psychologie des Alterns.* Heidelberg, 1977

Siegfried Lehrl, *Gehirn-Jogging.* Tübingen, o. Jahr

W. H. Masters/V. E. Johnson, *Die sexuelle Reaktion.* Reinbek, 1984

Elisabeth Müller-Luckmann, *Über weibliche Sexualität. Zur Problematik von Bindung und Loslassen.* In: Zeitschrift für Allgemeinmedizin, 60/1984. Stuttgart, 1984

R. S. Pfaffenburg et al., *Physical Activity.* In: New England Journal of Medicine, 314/1986

C. Reimer, *Schlaf aus psychoanalytischer Sicht.* In: Therapiewoche, 14/1985

Leopold Rosenmeyer, *Die späte Freiheit.* Berlin, 1983

H. Scholz, *Arbeitsphysiologie und Alter.* In: V. Böhlau, *Altern und Arbeit.* Stuttgart, 1977

Schriftenreihe des Deutschen Sportbundes, Band 15: *Sport und Spiel für Ältere.* Dortmund, o. Jahr

Hans-Joachim v. Schumann, *Erotik und Sexualität in der zweiten Lebenshälfte.* Stuttgart, 1980

Hans Selye, *Streß.* In: Bild der Wissenschaft, 8/1979

Ingrid z. Solms, *Lernen im Alter aus medizinischer Sicht.* In: Hessische Blätter für Volksbildung, 1/1985

Hans Thomae, *Alternsstile und Alternsschicksale.* Bern, 1983

G. Wolfram/N. Zöllner, *Ernährung im Alter:* In: Der Internist, Heidelberg, 1984

Zeitschrift für Allgemeinmedizin, Sonderdruck 1984. Stuttgart, 1984.
Darin: M. Haslbeck, *Kohlehydrate und Ballaststoffe in der heutigen Ernährung*
Darin: F. Husmann, *Die Rolle der Fette in der Ernährung*
Darin: W. Kübler, *Essentielle Nährstoffe*
Darin: W. Müller-Limroth, *Protein der Milch – mehr als ein Baustoff*